托夢、起乩、擲筊、抽籤詩
搞懂神明4大天機，人生沒有解決不了的難題！

神啊！你到底在幫我什麼？

暢銷增訂版

王崇禮◎著

9 Mystery 神啊！你到底在幫我什麼？

作　　者　王崇禮
美　　編　吳佩真、李緹瀅
文　　編　王舒儀
主　　編　高煜婷
總 編 輯　林許文二

出　　版　柿子文化事業有限公司
地　　址　11677臺北市羅斯福路五段158號2樓
讀者專線　（02）89314903#9
業務專線　（02）89314903#15
傳　　真　（02）29319207
郵撥帳號　19822651柿子文化事業有限公司
投稿信箱　editor@persimmonbooks.com.tw
服務信箱　service@persimmonbooks.com.tw

初版 1刷　2012年05月
　　25刷　2013年12月
二版 1刷　2014年09月
定　　價　新臺幣250元
I S B N　978-986-6191-62-6

歡迎走進柿子文化網 http://www.persimmonbooks.com.tw
粉絲團：柿子文化 — 小柿子波柿萌
～柿子在秋天火紅 文化在書中成熟～

國家圖書館出版品預行編目(CIP)資料

神啊！你到底在幫我什麼？：托夢、起乩、擲筊、抽籤詩，搞懂神明4大天機，人生沒有解決不了的難題／王崇禮 作.
--二版. --臺北市：柿子文化，2014.09
面；　公分. --（mystery ; 9）
ISBN 978-986-6191-62-6（平裝）
1.占卜 2.民間信仰
292.8　　103016620

好評推薦

第一本教導交叉使用問神工具解決問題的指南

沈佳蓉，高雄長庚醫院運動醫學中心物理治療師

《神啊！你到底在幫我什麼？》裡充滿了神明的智慧，也顯示了問事之人所要運用的工具有多麼複雜。在我反覆看過這本書之後，愈看愈覺得神明的慈悲沒有分別心，無論男女老幼，只要你有一顆虔誠之心，並且在因緣成熟之下，神明都會盡量幫你，而當中最重要的一個關鍵是：那位幫你問事的人是否能配合神明，把真正的神意不加油添醋的表達出來。問神達人王崇禮老師在近二十年的問事中，充分把神明所教的技巧運用在疑難案件上，讓當事人內心的疑慮和困苦得以解決，坦白說，這的確是一件很不容易做到的事。

王老師問事的方法不僅只運用擲筊，還會交叉使用籤詩跟夢境，當案情錯綜複雜且必要時，神明還會藉由起乩替信徒排憂解難。從這些方法看來，一位真正要替神明服務和幫信徒問事的人，一定要學習多種技巧，並隨案情的複雜程度隨機應變。

《神啊！你到底在幫我什麼？》是全國第一本教我們如何交叉使用問神工具來幫信徒解決問題的指南，相信能有助於拓展讀者問事的深度與廣度，並加強問事的技巧。

全臺獨一無二的創作

林宏濱，樹德科技大學國際企業與貿易系系主任

回想起二十二年前考大學聯考前一週，心中忐忑不安，於是到臺北木柵指南宮擲筊問神明並祈求賜籤詩，但當初因不懂擲筊的SOP和解讀籤詩，竟得出考不好或考不上的答案，讓我惶恐不已，懷著憂悶的心情去考試，但放榜後仍考上理想的學校。那時，我還調侃自己：考試靠自己，問啥神明呢？

直到來到樹德科技大學任教，並與崇禮老師熟識，才知道原來問神也有一套邏輯性的技巧：問對了，神明才會給你正確的答案。崇禮老師也說過，當人們有困難請示神明時，祂是一尊神像無法說話，所以問對事情的方向就變得很重要，如此神明才會知道能夠幫你什麼！拜讀完崇禮老師的著作後，發現此書以簡單明瞭的文字敘述及問事案例，輔以邏輯性的推理，十分引人入勝，難怪一些廟宇會在籤筒旁陳列崇禮老師的著作。

每個宗教都值得被尊敬，因為宗教都是勸人向善並讓人們的心靈得到平靜；個人選擇了道教，也詳讀過崇禮老師的每一本著作，十分敬佩他在從事教育工作之餘，心中仍掛念著每位有緣的問事者，幫助他們一起得到並感動神的慈悲與力量。崇禮老師在《神啊！你到底在幫我什麼？》中分享了正確的信仰觀念及問神方法，幾乎是全臺獨一無二的創作。

也許是我身為學者的職業病吧！閱讀文章或著作時，總習慣審查內容的邏輯、理論驗證及結論貢獻性；十分令人驚豔的是，崇禮老師的著作完全符合我的研究思維，讓我曾有衝動想問他說：「崇禮老師，您有意願將您的問事方法寫成英文版，與我一同投稿國外期刊嗎？」呵！我想如果崇禮老師應允，往後應該會有很多洋面孔的外國人越洋來到臺灣找他問事吧！

《神啊！我要怎麼問你問題？》後又一偉大力作

曾宗德，樹德科技大學通識教育學院院長

《神啊！你到底在幫我什麼？》是王崇禮教授繼《神啊！我要怎麼問你問題？》後的另一本力作，主要在剖析神明到底在幫我們什麼？以及祂們幫助我們的各種方式（擲筊、起乩、託夢、籤詩等）。

想明白神明到底在幫我們什麼，就要先了解祂們會用哪些方式來幫助我們。書中言及常見之方式主要有擲筊、起乩、托夢、籤詩等四種，任何一種方式皆有其功能與意義，至於神明會以何種方式來為信徒解答或是解決問題，則依問題之需要與其複雜度而定。

以擲筊來問事時，神明會以筊的翻動配對情形來表示好或不好、可或不可，以及對或不對，因此，如果以此方式問問題，我們要先學習如何「問神問題」；如果以起乩的方式辦事，則表示案情較錯綜複雜，無法以擲筊之方式來回答，而需以此方式來告知事情的原委及如何解決；假使以托夢來應對，表示神要以「垂象」告知有關之天機、或告知當事人可怎麼做、或提醒當事人可能遺忘之陳年舊事、或預知即將發生之情事；要是以籤詩方式來呈現，表示以擲筊無法說得透徹，或者答案是在好與不好、可以與不可以，及對與不對之外時，才以此方式呈現。

本書中還以大量的真實案例說明神明如何以不同的方式解決不同之情事，值得我們細細體會神是如何幫助我們及告訴我們事情的詳細原委。

王崇禮教授之第一本力作《神啊！我要怎麼問你問題？》出版後，立即受到社會大眾之熱愛；《神啊！你到底在幫我什麼？》繼續秉持第一本力作之精神，希望能幫助更多需要幫助之人。

本書暢銷增訂再版時，正是王教授和一些志同道合之信眾依神之指示籌設「宗天宮」之時，唯過程實在考驗重重，為實踐服務眾生之職志，似如孟子所云：「天將降大任於斯人也，必先苦其心志，勞其筋骨，餓其體膚，空乏其身，行拂亂其所為，所以動心忍性，曾益其所不能也。」藉由本書之再版，希望認同王教授理念之信眾或是願意助人拔人苦與人樂之菩薩，能購買此書並推薦，共襄盛舉完成建廟及濟世救人之本懷。

了解神明的邏輯，擁抱幸福

黃馨媚，鴻海精密工業專案經理

「神啊！你到底在幫我什麼？」是我面臨人生低潮、無語問蒼天時，曾經一次又一次手持清香，跪地仰天求問的一個問題。

當時的我跟很多人一樣，到了廟裡只知道拿香跟拜，口中念念有詞，然後很隨興地開始抽籤。抽到籤詩後，解籤一知半解，只好翻著廟裡放置的解籤書或上網查詢。即使抽到好籤，神明也沒有眷顧我，令人期待的結果在現實中並未成真，漸漸地，我對「世界上到底有沒有神」這件事產生了懷疑。

一直到認識了良師益友——王崇禮老師，才在他的經驗分享中恍然大悟，原來我對神明存在的質疑，源自於缺乏正確的問神觀念。好比說，求救訊息發射錯誤，回饋的指令也就像平行線一樣毫無交集，再加上錯誤的解讀，終究是誤會一場。

王崇禮老師的《神啊！你到底在幫我什麼？》說，神明會藉由擲筊、籤詩、托夢、起乩等方式來指示即將發生的重要事情，其中，除了起乩需藉由特殊體質的人當媒介之外，其他三種方式其實可以自己運用——前提是必須具備正確的問事觀念與技巧。

想知道如何正確的擲筊、抽籤詩，一定要推薦王崇禮老師的第一本著作《神啊！我要怎麼問你問題？》，裡面歸納出有系統的問事流程，是本深入淺出的問神工具書。至於夢境，如何得知是冥冥之中預言即將要發生的事情？還是只是夢一場呢？王老師曾教過我，可以到住家附近或常走動的大廟請示，先問這個夢境有沒有指示，有的話再來解夢。只要能慎重確認神意，就可以大大降低錯誤解讀的機率。

俗話說：「人看一甲子，神看六十甲子。」意味著神與人在處事上的高度與氣度都不同：人以自我為中心，而神看重的是倫理道德、一家人的和諧與社會國家的安定，因為天下眾生皆子民。舉例來說，當一家人來問事，而內容關係到個人隱私，神明通常不會公開點破，而是顧及當事人的面子，以含蓄說法曉以大義；又父子倆吵吵鬧鬧前來請示，神明必定不會當著晚輩面指責父親的不是，而是提醒晚輩要以更謙恭的態度對待長輩，退一步海闊天空，家和萬事興。

在充分了解神明邏輯之後，我徹底改觀了，神明不只是安定心靈的「照世明燈」，同時也是我們的「人生智慧導師」。

拜讀完王崇禮老師《神啊！你到底在幫我什麼？》書中個案的經驗分享後，我有了全新的體悟。在面對問題時，要以更長遠的視野、更寬廣的心接受它、面對它、解決它，這樣我們走過的每一步路都將累積成人生智慧，而這些智慧的累積將會創造更幸福的未來。試著了解神明的邏輯，一起擁有幸福吧！

目錄

起乩專門處理複雜案情

★起乩概念流程圖

托夢使當事人了解隱情

序言

了解神明的苦衷，就能明白祂們在幫我們什麼

王崇禮

從神明的角度理解問事

自從《神啊！我要怎麼問你問題？》出版後，短短時間內就成為全國宗教類連續二十五週排行榜第一名的暢銷書。有如此佳績，我必須要感謝幾個人：

首先，我要感謝我的父母，感謝他們的生育及養育之恩。在所有的恩情中，唯有父母的恩情最為難報，因此，我要感謝他們的栽培，在這天地之間，沒有他們就沒有我。

第二則要感謝眾神明的傳授。在學習期間，一直到現在於大學任教的這二十年來，因為有祂們的教導及傳授，我的智慧方可與日俱增。也因為對眾神有著一番特殊的情感與緣分，所以懷著感激與報恩之心寫了這本書，以報答祂們的恩情。

除此之外，我還要感謝我的兄弟姊妹，以及支持我、愛護我的全國讀者們，謝謝你們的支持！因為有你們的支持，讓我更有力量堅持下去，謝謝你們！

由於看到社會上有太多人因為不了解宗教而受騙，導致人財兩失，悔不當初，所以我懷著慈悲濟世之心，希望能把正確的宗教觀念帶給大家，並針對一些宗教方面的問題提供適當的解決辦法，讓對宗教不是很了解的人，明白神明的任務究竟是什麼，更讓一些濟世救人的神職人員、對宗教有興趣的人和共同信仰者，可以作為參考依據。

這本書的內容細分為四大大主軸——神明如何用擲筊、起乩、托夢和籤詩的方式來幫我們找出問題、解決問題，不管使用哪種方式，都有祂們的意義跟邏輯。比方說，托夢的單元是在教導讀者認識神明給的夢境有哪些型態，解夢有什麼技巧與該往哪個方向解等不為人知卻又十分重要的知識。除此之外，我更希望能傳授關於信仰的正確觀念，是以搭配真實發生過的案例，並清楚交代案例背後所隱藏的複雜因素，好讓讀者們作為借鏡。

同時，我也希望讀者看完這本書之後，可以了解到三個重點：

第一、了解神明的立場跟我們的立場有什麼不同。

第二、了解神明在看一個問題時，跟我們看問題的角度有何不同。

第三、了解神明給我們的答案，為什麼會跟我們當初所想要的答案不一樣，並探討其背後的邏輯是什麼。

一旦了解這三點，就可以明白神明的苦衷到底在哪裡。只要了解神明的苦衷，當然就可以知道神明到底在幫我什麼，也更可以明白我為何「顛簸半生皈依明主，自渡而後渡人」。

問事時，人該盡的責任

二十年來，我處理過大大小小的疑難雜症，並從當中發現，每一個來問事的人背後，幾乎都會有一段辛酸且不為人知的故事。有些人因為尋求宗教途徑來解決困境而散盡家產，結果妻離子散，甚至家破人亡；有些人因為偏聽偏信，人云亦云，最後不但沒解決問題，甚至還禍及子孫……當這些人最後來找我時，他們對宗教的信心——尤其是對道教的信心，早就已經所剩無幾了。所以，這些年來，每當夜深人靜之時，我總是會把信徒所發生過的遺憾事，再做一個深入的統計與分析。最後，我歸納出兩個主要原因：

第一、大部分的人之所以會偏聽偏信、人云亦云，大部分都是因為不了解「神明到底在幫我們什麼？」這個問神的核心精神所致。我相信，如果大家都能了解這個道理，自然會對道教有更深入的認識，甚至能有更正面的觀感，受騙的事件也會減少許多。問神是一門非常深奧的學問，必須經過有系統的教學過程、一連串邏輯上的思考訓練和經驗的累積，才能夠把神明的意思完全表達出來，要做到這個境界，首先就要洞察與領悟「神明的思維」。了解神明的思維是一個至關重要的橋樑，緊緊地連接著「問事的準確度」跟「問出解決方案的有效性」——只要能夠了解神明的思維，就能接近打通問事能力的任督二脈了。

第二、在配合神明問事的這二十年來，除了上述神明的思維以外，還有四種「心」需要注意，這也是神明最擔憂的事，正因為這四種「心」的阻礙，才會使問事的困難度增加好幾倍：

只想聽好話的心

當神明指示出來的答案不合你意時，就惱羞成怒、大肆指責，如此一來，就算神明想要告訴你真理，祂們也會有所顧慮。只說好聽的話安慰你，並不是宗教濟世救人的根本精神，也對解決問題絲毫沒有幫助。

自己永遠不會有錯的心

正所謂忠言逆耳，如果神明查到事情的真相錯在於你，而你偏偏無法接受自己做錯事的事實，依舊固執地怪罪於別人，事情就不好辦了。我的角色是在傳達神明的意思，不可能讓「你明明做錯事而我卻硬說你是對的」這種事發生，所以，一旦當事人繼續堅持錯在對方的話，神明便極有可能因為顧慮當事人的情緒反應，而不再繼續指示下去。這種堅信自己永遠不會有錯的心態，會使得問神變得沒有意義——因為缺少了反思心。

不疑的心

既然心中已有答案，又何必來問神？問神不就是因為心中有疑惑，想請神明指引方向？請想想，萬一神明指示的答案跟你心中所想不同，你會選擇堅持己見，還是接受神明的答案？若是前者，問神明不就是多此一舉？既然會懷疑神明的指示，就算神明真有更好的答案要說，你也聽不進去。

隱瞞事實的心

明明有做，卻在問神時說沒做——這種情形最容易增加問事困難度，也會降低解決問題的成功率，特別是曾做過一些不為人知和有損陰德之事的話。在以擲筊方式請示神明時，若無「承認」的勇氣，不僅很難幫你問出問題點，還會浪費很多時間。如果是真心想尋求解決之道，就必須先有一顆懺悔、坦誠的心。神明是慈悲的，只要有坦承的心，祂們一定會盡力幫你走出困境。

人生的道路上本就很難永保一帆風順、毫無波折。若真有一天我們陷入困境，想向神明祈求解決之道，首先要做的就是屏棄這四種心。每個人前來問神，都是希望得到神明的指引，在問神明之前，應先審視自己是否存在這四種心：如果有，那我會勸你暫時先不要問，因為效果真的很有限；如果沒有，那我要恭喜你，因為神明已經幫你開啟一扇通往光明大道的門，等著你走進來了。

壹

神到底在幫我什麼？

什麼人才會來問神明？一定是遇到問題或麻煩的人才會來問神明。可是，大多數的人只知道有事來問神明，卻不知道神明是如何在幫我們的。我們雖然不難了解「幫」這個字的定義，但這個字的背後，卻深藏著許多一般人想像不到的境界。

這個境界包括：神明的想法和看法是什麼？神明的邏輯是什麼？神明的考量是什麼？神明的顧慮是什麼？神明的苦衷是什麼？而神明最後給我們的答案又是什麼？這麼多不為人知的奧妙，是在一般的書籍找不到，也學不到的。《神啊！你到底在幫我什麼？》就是要為您解開這一連串的答案。

問事總體概念流程圖

向神明稟明問題

↓

神明開始調查

↓

調查結束，準備指示

↓

神明會依照問題的屬性跟困難度，決定用哪一種方式。問事者要會靈活交叉運用，不能只侷限在學習單一種方式。

擲筊

一開始建議先用此方法問神，如果無法問出答案，就要交叉運用其他三種方式，不可一成不變。

→

- 最沒有人為操控因素存在，完全是神意。
- 擲筊最重要的，是要事先分清楚什麼問題該問、什麼問題不該問神。
- 心中應該先設定選項，然後再請示神明好或不好、可以或不可以。

籤詩

問題陷於膠著狀態，或者原因不明，無法直接問出答案時所使用的方式。

→

- 請神明賜籤詩。
- 神明會藉由籤詩內容解説整件事情的來龍去脈，以方便掌握案情。
- 抽籤詩的步驟一定要正確，只要第一步錯，接下來就全錯。
- 切勿有「任何問題都可以抽籤詩」的錯誤觀念。

起乩

問題是突發的緊急狀態，且擲筊很難交代細節時使用。

→

- 需事先安排起乩之相關事宜。
- 較有人為因素存在。

托夢

問題涉及到個人隱私，或神明欲做事先的告知提醒動作時使用。

→

- 神明會在當事人的夢中顯示景象。
- 神的世界跟我們不一樣，所以給我們的夢境結構也會不一樣。
- 夢的結構分為：1.真實性夢境；2.隱喻性夢境。
- 有了「夢的結構」觀念，就不會倒果為因，把夢境解錯方向。

神明如何幫我們解決問題？

神明的因「材」施「教」

想學問事，就要先了解神到底在幫我們什麼；想了解神到底在幫我們什麼，就一定要先知道神明幫我們的方式有哪些。

神明下指示的四種常見方法

雖然神明幫我們的方式有很多種，但最常見的方式有：擲筊、起乩、托夢、籤詩這四種，每一種方式都有它的功能與意義。至於神明什麼時候會用何種方式，則根據每個案情的需求和複雜程度來決定。

擲筊

以擲筊方式來說，神明會以筊的翻動情形來告訴我們答案，但先決條件則是要「會問問題」。因為神明坐在上面不會講話，只好由我們講話來提問，神明則藉由指引筊的翻動來回答我們好或不好、可以或不可以，以及對或不對。

起乩

以起乩方式來說，神明是以聖靈直接附身在乩童的身體，並用對答的方式來幫我們回答問題，但先決條件是乩童在時間上可以配合。

在處理案情時，如果裡面錯綜複雜的細節已到擲筊沒有辦法仔細解答的程度時，神明就會利用起乩的方式來告訴我們，這當中到底發生了什麼事情。

起乩又分為幾個不同類別：

第一、乩童在被神明附身後會直接開口說話，有些說的是一般人聽得懂的語言，有些則是聽不懂的語言，若乩童說出來的是聽不懂的語言，就需要透過桌頭翻譯。

第二、有些乩身是以寫字為主（或者以手扶神轎寫字），字體分為一般人看得懂的字體，和神明的字體兩種。乩身寫的若是神明字體，便需要透過桌頭翻譯。

桌頭需受過神明訓練，才能看懂神明字體、聽懂神明語言——桌頭的任務很重大。

托夢

以托夢方式來說，神明用這個方式原因大致有四：

王博士小提醒

了解和神明溝通的管道

想了解神到底在幫我們什麼，就要先清楚神明幫我們的方式，最常見的方式有：擲筊、起乩、托夢、籤詩這四種。至於何時會用到哪種方式，則根據案情的需求和複雜程度來決定。

第一、神明直接進入當事人的夢中，以呈現「景象」的方式透露一些機密事件。

第二、如果目標太廣而無法聚焦，神明會藉由托夢方式教我們怎麼做，例如尋人。

第三、神明以托夢方式幫我們追蹤當事人已經忘卻的陳年往事。

第四、神明如果有察覺到一些即將發生的事情，而這些事情有必要「提早」告訴我們以便事先防範，便會藉由托夢向我們做預先的告知。

籤詩

以籤詩的方式來說，神明若有很多話要說，而擲筊無法問得很透澈，或者要給我們的答案是好或不好、可以或不可以、對或不對以外的答案，就會藉由籤詩來補充說明。

想以抽籤詩的方式來求助於神明，其先決條件就是抽籤詩的程序要正確，一旦程序錯誤了，所抽出來的籤詩就一定會錯誤；抽出來的籤詩如果錯誤，那解籤詩也一定錯誤。所以說，籤詩解得正不正確，關鍵在於抽籤詩的第一步驟。

以上是一般問事中最常看到的四種方式，除了起乩比較需要特殊的條件與背景，其餘三個方法都可以藉由書籍上的知識加上有系統的學習，來精進本身的問事能力。

第壹部最精彩的地方，就是針對四種問事方式搭配上真實的案例，不僅讓讀者了解每種方式的運用法則，更要讓大家知道運用這四種方式的背後，神明到底在幫我們什麼。

擲筊技巧流程圖

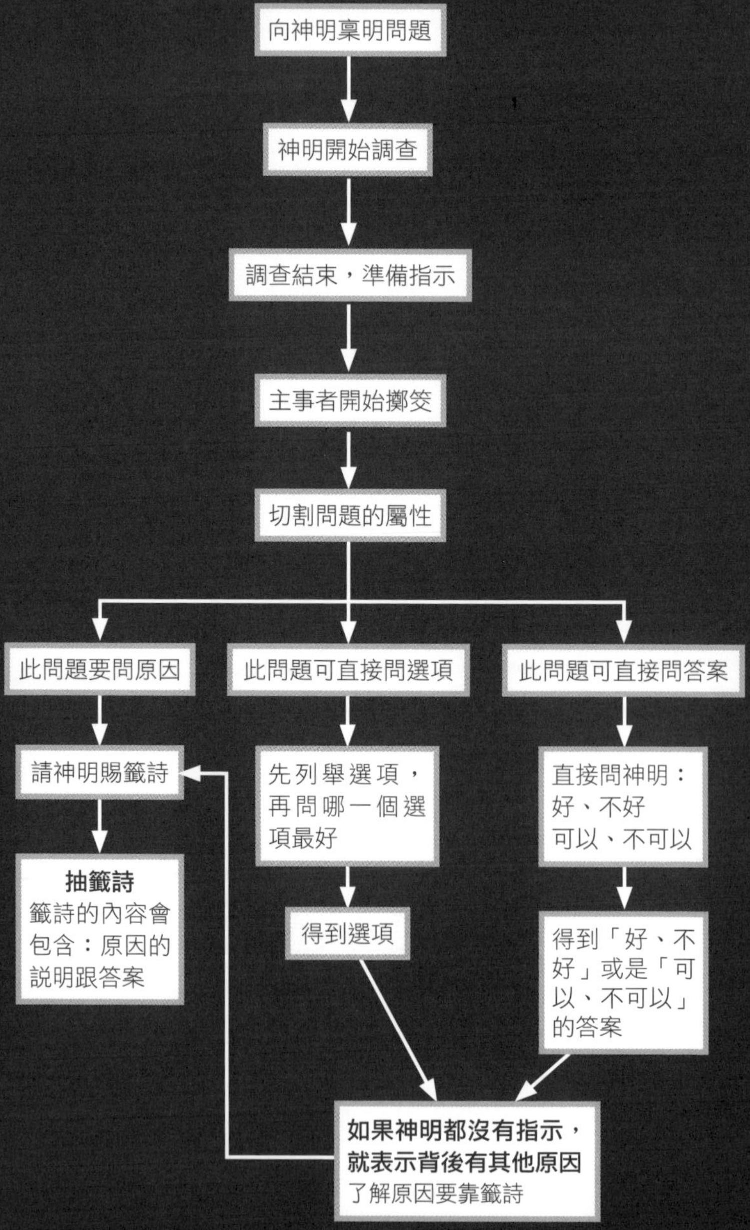
向神明稟明問題
神明開始調查
調查結束，準備指示
主事者開始擲筊
切割問題的屬性
此問題要問原因
此問題可直接問選項
此問題可直接問答案
請神明賜籤詩
抽籤詩
籤詩的內容會包含：原因的說明跟答案
先列舉選項，再問哪一個選項最好
得到選項
直接問神明：好、不好
可以、不可以
得到「好、不好」或是「可以、不可以」的答案
如果神明都沒有指示，就表示背後有其他原因
了解原因要靠籤詩

擲筊最不受人為左右

懂擲筊，就不容易被神棍騙

擲筊是一門非常深奧的學問，這個章節不僅要描述神明如何以擲筊調查問題和解決問題，還要讓大家知道擲筊的核心意義。

就如同之前所說，什麼人會來問神？會來問神的，一定是那些遇到急迫性問題或麻煩的人，這些人在進無可進、退無可退的情況下，只好尋求宗教途徑來解決問題。這些原本心裡就已經很慌張的人，若不幸被一些關於宗教方面可怕、驚悚的言語嚇到，便極有可能瞬間喪失判斷力，也許就會這樣一路就被別人牽著鼻子走而不自知，等到發現不對勁、意識到好像被騙時，或許就為時已晚了。

最有安全感的問事方法

大家有沒有統計過，雖然利用宗教詐騙的方法、技巧、策略都不盡相同，但卻有一個共同點，那就是：從來沒有一個詐騙方法是用擲筊的方式進行的，反而都是藉由「人的口」所說出來。這是什麼原因？很簡單，因為神明不可能以連續三個聖筊指示說：「如果要處理這件事情，一定要花○○○○○錢。」

你想一想，這有可能嗎？

再具體一點，擲筊是一種最沒有人為操控因素介入的問神方式，一般人不容易懷疑擲筊出來的答案，到底是不是「人」自己編造出來的——畢竟連續出現三個聖筊的機率非常低。因此，雖然擲筊所耗費的時間比較多，等待的過程比較長，但是得到的答案卻最可靠、最讓人信服，也是最有安全感的。後面將進一步說明，神明如何以擲筊來幫助我們解決問題。

例1 孩子，你要讓我擔心到什麼時候？

再過三天就是中秋節了，當時差不多是晚上七點多，一對中年男女神色非常憂愁的走進宮裡，經了解之後，原來他們是一對夫妻。

當他們走進來時，婦人第一句話就問老師：「我可以問關於我孩子的事嗎？」

「當然可以，重點是問什麼樣的問題？問神明問題必須要有合理性跟邏輯性，問出來的結果準確率才會高。假如天馬行空的亂問，問出來的答案恐怕會失真。」

婦人的先生聽，馬上就接著表示說：「我們不知道現在要問的問題是不是有合理性

王博士小提醒

問事之前要釐清自己的問題何在

問神明問題必須要有合理性跟邏輯性，問出來的結果準確率才高。毫無目標、天馬行空的亂問，問出來的答案往往失真、不可信。

跟邏輯性，不然這樣好了，我先說明今天的來意，再請老師看看這樣的問題適不適合問，這樣行不行得通呢？」

「沒問題，來問事的人絕大部分都不清楚要怎麼問神，或者不了解事情的重點在哪一個環節，所以我通常會幫信徒分析事情的重點何在，再建議要朝哪一個方向問，才能夠找出根本問題，進而解決問題。」

這位先生長長嘆了一口氣說：「我們夫妻倆結婚已經二十幾年，有一對兒女。女兒大學畢業，已經在工作了，小兒子目前還在念大二。女兒的脾氣雖然大了些，但從小到大不管是念書、工作，還是感情，都不會讓我們替她擔憂。唯獨這個小兒子讓人擔心，去年還只是偶爾早上睡過頭，雖上課遲到，起碼還會去學校，但是到了今年，情況卻變本加厲，索性不去上學了，白天就窩在家裡睡覺。老師你說說，天底下有哪一個學生晚上在玩而白天在睡覺的？這不是一個正常學生該有的行為。讓我更緊張的是，今天早上還接到學校導師的電話，說這孩子今天又沒有去上課，再這樣下去很有可能會被退學。

在來這裡之前，我跟我太太還想，一定要跟他好好談一談，再這樣下去，這孩子一定會完蛋！沒想到他竟然對我們大聲咆哮，接著二話不說地跑了出去。唉！我們夫妻對這孩子已經沒有辦法管教了，所以今天才會來請你們幫忙，看看能不能讓他走向正途、回歸正常。」

找出危機因子

聽完這位先生的描述之後，老師便向他們解釋說：「任何一個危機的發生，通常都不會只有一個因素，而是許多原因日積月累地聚集在一起，等累積到一定的程度，只要一丁點的火花，就會瞬間引爆。所以，我們現在要做的，就是找出根本問題，而請示神明，就是要請祂們幫忙找出造成這個危機的因素，只是多數人並不了解神明幫我們處理事情的程序。若你們認同我的觀點，也相信擲筊的問事方式，我現在就可以開始幫你們問。」

聽完，這對夫妻馬上就一口答應。

老師於是開始先詢問神明，是不是有什麼「欠點」導致這孩子行為偏差？結果神明連續給了兩個聖筊。

當時，是由先生負責擲筊，他一看到兩個聖筊，便立刻問老師為什麼沒有連續得到三個聖筊？兩個聖筊又代表了什麼含意？老師回答：「我們人會說話，但坐在上面的神明不會講話，所以，當我們向神明詢問是不是這個答案時，祂們只能靠筊來回答我們是或不是。是的話，就會連續給我們三個聖筊；倘若不是，就不會給我們任何筊數，或者只會給一個聖筊而已。假設出現了兩個聖筊，就表示答案快接近了，但還不是完全正確。」

王博士小提醒

什麼是欠點？

所謂的欠點，就是阻礙某件事情，導致無法達成心中期望的阻因。欠點是問事過程中非常重要的關鍵，任何一件事與願違的事件，都有可能是因為欠點造成的。

如果讀者想要進一步了解其中的含意，可以看我所寫的另外一本書——《神啊！我要怎麼問你問題？》，裡面清楚地說明兩個聖筊是什麼意思，以及如何把兩個聖筊變成三個聖筊。

「非得要連續得到三個聖筊嗎？一個聖筊不行嗎？感覺上要得到三個聖筊好像很困難的樣子。」先生接著問。

老師笑了一笑，對他說：「很多人也跟你有同樣的想法，不過，我必須要告訴你，請神明指點迷津一定要非常嚴謹，不能只是圖個安慰。正是因為很困難，才能凸顯這個答案的準確度，不是嗎？你不用太擔心，只要問對問題，一定會得到三個聖筊的！」

聽完解釋之後，這位先生也點點頭表示認同。

擲筊&抽籤詩的問事4階段

接著，老師再次擲筊，結果神明指示，確實是有欠點造成孩子行為上的偏差，可是還有一些細節要用籤詩來補充說明，如此一來，整件事情的來龍去脈才會有一個完整的交代。

於是，老師又問神明是否賜籤詩，一擲下去，果然馬上得到三個聖筊。

王博士小提醒

兩個聖筊→答案很接近了，再想想！

擲筊的時候，神明靠筊的翻動來回答我們是或不是。是的話，就會連續給三個聖筊。倘若不是，就沒有任何聖筊或者只有一個聖筊而已。假設出現兩個聖筊，表示答案快接近了（百分之八十左右），但還不完全正確，此時，你應該就這個方向做更完整和深入的描述或提問。

第1階段：若神明賜籤詩，要先知道從哪個方向解

老師一看到神明的指示就對先生說明：「第一階段，我們先來抽籤詩，抽籤詩前要先問神明要從哪個方向解籤，如果只知道抽籤詩而不曉得從哪個方向解的話，對籤詩的解讀也會產生錯誤。第二階段接著問欠點是什麼，最後的階段再來問解決方法，這才是一個完整的問事流程。」神明總共給了這對夫妻三張籤詩，而且特別指示要從父母親的「管教」跟孩子的「想法」方面解籤詩。

看完三張籤詩後，老師嘆了一口氣說：「前面兩張籤詩，是神明要告訴你們，其實他並不是不乖的孩子，只是你們的管教與要求太過嚴厲，再加上時時刻刻都拿他跟姊姊比較，久而久之，孩子的內心漸漸產生不平衡，而認定：『一樣都是你們的孩子，為什麼就只喜歡姊姊，偏偏就特別討厭我？』

所以，建議你們最好能在孩子的管教上，做一些調整與改變，如果不改變，就算今天來求問神明，也沒有辦法改善這個問題。最重要的是第三張籤詩，裡面講到你兒子目前的『想法』；現在他念書念得很痛苦，所念的科系好像也不是他的興趣所在，正因為不是他的興趣，所以才會不想念。當初選讀這個科系的時候，你們有跟孩子討論過嗎？」

太太一聽到這個問題，立刻回答說：「若說是我們替孩子選了科系，這樣講也沒錯啦！可是選這個科系也是有我們的考量。他當初選的是設計方面的科系，不過我跟先

生都覺得學設計將來很難在職場上生存，每天就只是在那邊畫圖，會有出息嗎？所以才會替他選資訊工程方面的科系。現在是科技掛帥，念這個科系起碼將來在生活上不至於會讓我們擔憂。確實，我兒子是聽從了我們的安排才選讀現在的科系，一開始他也相當不願意，不過，我們也是為他好啊！」

聽完她的解釋，老師立刻說明道：「難怪神明一開始就挑明籤詩要從父母親的『管教』與孩子的『想法』下去解，其實祂已經察覺到這當中的問題了。雖然做父母的總是為孩子著想，但也應該要考慮到孩子本身的感受、想法及興趣。你們真的希望孩子改變嗎？」

「當然希望，所以才會來這裡問神。」

「如果想要這孩子改變的話，那你們自己要先改變；改變的方向包括以後不要再拿他和姊姊比較。你們可能會以為這好像沒什麼，但這樣的狀況持續下去，只會加深親子之間的衝突，以及弟弟對姊姊的敵意，絕對不能小覷。你們可以做到嗎？如果做得到，我再幫你們繼續問下去。」

夫妻倆互相看一看之後，回答老師說：「好，以後我們會注意管教方面的問題。那接下要怎麼問呢？」

「現在，我們已經知道你們的兒子心裡面出現了敵意——也就是說，已經產生了『心病』。以我的經驗來說，遇到這樣的狀況，神明通常都會要求當事人親自過來一趟，當面跟當事人講一些話，因為心病需要『良言』醫治。我們接著就來問神明，是不是要你們帶孩子過來吧！」經擲筊確定，神明果然指示這對夫妻把孩子帶過來，祂們有一些話要當面跟孩子說。

第2階段：如果有欠點，一定要找出來

事情進行到第二階段，老師繼續對這對夫妻說：「籤詩的內容你們都已經知道了，神明也交代你們下次要帶這孩子過來。現在我們就要來開始問，造成這孩子行為偏差的根本問題（欠點）是什麼？」經過大概五分鐘的擲筊詢問，證實造成孩子行為偏差的主因，是因為他今年的運勢很低，在年初外出時遇到一些外方的無主孤魂，進而導致性情大變。

看到神明的指示，孩子的媽自然非常緊張，急問該怎麼辦。老師安慰她說：「不用緊張，神明既然幫你們查到事情的主因，自然就有祂們的解決之道，等下次你們帶孩子過來的時候，再一起問該如何解決。」

神明在幫我們調查事情時是多方位的，絕不會只是片面性，例如這對夫妻來請示關於他們孩子叛逆的問題，神明就查到這當中牽涉到兩個主要原因，一是父母親的管教問題，二是欠點問題。也就是說，神明在協助我們解決問題時，會把造成此問題的所有因素做完整的處理，否則成效可能不會很好。

第3階段：詢問處理問題及化解欠點的方法

過了兩天，這對夫妻帶著孩子再來問事。他們走進來的時候，只有父母臉上帶笑，兒子則一點笑容都沒有，形成強烈的對比。最後是由母親開口打破這令人尷尬的僵局，她表示，其實本來昨天就要帶兒子來的，只是好說歹說，孩子就是不肯來，最後沒辦法了，她不知怎麼搞地，突然冒出一句話：「媽祖說我們對你的管教要改變啦，要尊重你啦，你到底要不要去聽媽祖怎麼講？」

「說也奇怪，才講完這句話，這孩子先是愣了一下，之後就答應跟我們來了。老師，我們已經把孩子帶來了，接下來應該怎麼做？」

老師一開始先問這位年輕人說：「你知道你爸爸媽媽今天帶你來的用意嗎？」

他回答說：「我媽跟我說媽祖要他們尊重我，所以叫我來聽神明怎麼講。」

老師笑一笑說：「沒錯，但這只是一部分，現在就來問問媽祖要跟你說什麼。」

這回是由這位年輕人自己負責擲筊，他的父母則站在旁邊觀看。擲筊的結果，神明賜了三張籤詩給這位年輕人，而這次的籤詩是由「孝道」方面下去解。

看完這三張籤詩，老師跟這位年輕人說：「媽祖給你這三張籤詩是要告訴你，這個世界，有天、有地，再有人；也就是說，先有你的祖父母，再來就是你的父母親，最後才有你，這就是順序，這就是倫理。天底下沒有不是的父母，雖然當初選科系的時候父母有所堅持，但出發點完完全全都是為了你的將來著想。今天媽祖要告訴你，當父子、當母子、當兄弟姊妹，只有今生，沒有來世。來世會怎樣，我們都不知道，想要親愛他們只能趁今生，要是錯過了時機，將來就只能對著神主牌追思懺悔，我們難道不該好好珍惜這輩子嗎？等到『樹欲靜而風不止，子欲養而親不待』時，一切就已經來不及了。」

老師才說完，母子倆馬上就掉下眼淚。媽媽緊握著兒子的手，這一幕彷彿是要告訴天下的孩子說：「天下父母的心永遠是為了孩子好，就算是嚴厲了些，也是因為愛你，請體諒我好嗎？」

這個年輕人邊掉淚邊說：「我不是不愛念書，只是念得很辛苦，老師教的我都聽不懂，回家也不敢跟爸媽說，怕他們又拿我跟國立大學畢業的姊姊比較。我的功課一直落後，只能選擇逃避。」

老師聽完之後跟他說：「前天媽祖已經跟你爸爸媽媽談過管教方面的問題了，他們也答應神明要改變跟調整，接下來就輪到你了，如果你願意，接下來我就教你怎麼做，如何？」

年輕人立刻答應了。

「既然你答應了，那麼我先問你，還想要繼續念現在的科系嗎？還是你有自己的想法，可以說出來沒關係。」

「我想要換科系，我想念室內設計系。」年輕人說。

既然這位年輕人已經說出心裡的想法，老師立刻當著他的面問他的父母親說：「那你們的想法如何？」

一開始夫妻倆還是不太同意兒子念室內設計系，但到最後，父親鬆口說道：「不然這樣子好了，我們問媽祖，到底是念資訊好，還是念室內設計好，求神明指示一條明路，不論問出來的結果如何，我都坦然接受。這樣總可以吧？」

「這樣最好，在人生面臨不知如何抉擇的局面時，請神明幫忙指點迷津是很合理的。如果你們都沒有意見，那我們現在就來請神明幫你兒子選一個對未來最有幫助、最合適的一條路。」

於是，他們一家子先點香，過了二十分鐘後，老師開始準備幫他們問出一個對雙方都好的選擇，他當著他們的面，向神明稟明道：「如果選擇資訊方面的科系比較適合弟子的話，請給三個聖筊。」擲下去的結果卻沒有得到任何聖筊。

既然第一個選擇方案沒有任何筊數，老師就繼續問：「如果選擇室內設計系比較適合弟子的話，請給三個聖筊。」結果連續得到了三個聖筊，看到神明的回覆，笑得最燦爛的人，莫過於他們的兒子了。

既然結果已經出來，老師接著跟對這對夫妻說：「既然神明也說念這個科系好，代表你兒子念這個科系比較能發揮他的潛力，那就尊重你兒子的選擇吧！」看到神明都這麼說了，夫妻倆終於點頭答應兒子轉系，條件是兒子要承諾一定會認真念書，不能半途而廢；兒子當然也馬上做出了承諾。對一家三口來講，這無疑是一個完美的結局，也許是因為高興過了頭，他們忘記還有一件事沒做，竟然就準備動身回家了。看到他們準備回家，老師趕緊叫住他們說：「等一下，你們是否忘了還有件事沒處理？」

他媽媽問道：「什麼事？」

「欠點啊！」

老師笑著對他們說：「不要只顧著高興，現在還要接著問欠點怎麼處理呢！前天神明已經查出，你兒子因為運勢低，遇到了一些外方的無主孤魂，所以我們緊接著要問出解決的方案。」

此時，兒子突然開口表示，這陣子一直覺得精神很恍惚，晚上睡不著，只好在白天睡覺補眠，但是一睡著又會做噩夢。老師一聽就覺得不對，連忙對他們說：「這是不正常的症狀，要趕緊問一下該怎麼處理。」

經過十分鐘的擲筊，神明指示三個處理方法：「第一、神明讓這位年輕人帶一些東西回去，並教他們如何處理。第二、神明這幾天會找這些無主孤魂談判，假使七天內所述的症狀都消失了，精神變好，晚上也睡得著了，那就代表神明跟對方談判成功，如果是這樣，你還要過來詢問有沒有其他需要注意的地方。第三、如果七天內你所敘述的症狀不但沒有消失，反而變得更加嚴重，就代表神明跟對方談判破裂，那你也要趕緊過來問如何防範。」

第4階段：事情解決後，要再確認是否還有該注意的事

又過了一個禮拜，在第八天的晚上，這對夫妻又帶著孩子過來找我們，並表示兒子現在晚上比較能睡得著，白天精神也變好許多，所以再過來問看看，有沒有其他需要注意的地方。結果神明指示，這件事情已經跟對方談好了，事情順利解決，不用擔心，只需再處理一些瑣碎的後續工作而已。

在事件解決的一個學期後，這位年輕人就轉到想念的科系就讀，後來不但順利畢業，還如願考上研究所。其實，只要順著自己的興趣走，就會愈做愈有樂趣，進而產生熱情，有熱情就會有動力，有動力就不會半途而廢，一旦能持之以恆，當然就會有意想不到的奇蹟出現。自從這件事情有了完美的結局後，這對夫妻每逢初一、十五一定會來廟裡拜拜。有一次聊天時，先生跟我們說，他這輩子第一次看到這樣處理事情的方式，「有一定的階段與程序，最難能可貴的是，你們處理事情時是全面性的，而不是片面性的，我總算開了眼界。」

老師笑著跟他們解釋說：「該感謝的是神明而不是我！很多人都不知道神明到底在幫我們什麼，其實這就是神明幫助我們的方式：全面性調查每一件事情，把所有問題查個一清二楚，接著再告訴我們該如何處理，事後還要確保我們的安全。經過這件事情之後，你們應該可以了解到，其實神明比人還要辛苦，你說對吧？」

「沒錯！沒錯！」聽老師這樣說，他們忍不住哈哈大笑起來。

問神不敗圖解案例

狀況： 兒子性情大變，翹課、課業退步，多次溝通只換來爭吵
→父母已無計可施，因此來問神

↓ **釐清問題**

從是否有欠點問起：經擲筊證實是欠點造成孩子行為偏差，但神明指示要透過籤詩補充說明

↓

經籤詩提醒，有部分原因出在父母的管教方式，父母要願意調整，兒子也應到場方能處理

問事心法 1
處理事情時，不能只認定是別人的錯，自己卻不願反省、改變，如此固執己見，神也幫不了忙

↓

孩子想轉科系，父母同意以（1）資訊科系（2）室內設計科系，來請示神明
→神明指示室內設計系較適合

↓

請示欠點的解決方法，若情況變嚴重，要再回來請示後續處理事宜

導致失敗的問事地雷
忠言逆耳
有時候，問題不僅僅發生在對方身上，假使自己堅持不肯改變，就算問了神明，也沒辦法圓滿解決問題。

例2 親愛的，我還可以跟妳破鏡重圓嗎？

在一個剛下過大雨、整條路上都是積水的夜晚，老師看了看手錶，時間剛好是九點半，心想今天的問事都已經告一段落，接下來大概可以準備休息了。正要喝一口水時，忽然走進來兩個女生，年長的是姊姊，比較年輕的是妹妹。

這對姊妹一進來便很客氣的問：「現在要問事還來得及嗎？」

原來，她們是特地從臺北坐高鐵南下高雄來問事的，因為中途有一些事需要處理，耽擱了些時間，所以才會拖到這麼晚，既是如此，老師當然不能讓她們白跑一趟。此時剛好沒有人在等待問事，老師趁著時間還充裕，跟姊妹倆聊了一下，順便了解她們想問哪方面的事。

開口回答的是姊姊。「我們今天從臺北南下，是因為看了《神啊！我要怎麼問你問題？》後，內心深受感動，也學到過去幾十年來道教沒有公諸於世的問神知識。所以我告訴妹妹一定要親自跑一趟，因為書裡面所敘述的觀點真的很有邏輯，是符合社會大眾需要的一本好書。」

頓了一頓，她接著繼續說：「整件事情是這樣子的，我妹妹在去年跟先生正式離婚，孩子則是跟媽媽一起生活，雖然已經離了婚，但雙方仍然有在連絡。我媽媽幾乎每天都會打電話關心妹妹的生活，有一次在通電話時，發現我妹說話的口氣有點怪怪的，就問她怎麼了，可是她不講就是不講。直到我媽媽受不了了，親自跑去她的住處想問個一清二楚，妹妹好不容易才告訴她，說這幾天心情很不穩定，因為前夫提出想跟她破鏡重圓，而我妹妹因為不知該如何抉擇而感到相當煩惱。一聽到是這樣，我媽媽非常擔心，要我妹乾脆搬回家住，以免發生什麼事，可是她偏偏不肯。就在前天，我們三人又聚在一起，討論我妹妹到底應不應該跟前妹夫重新復合的事，最後還是沒有一個結論——正確來說，應該是沒有人敢做決定，因為我妹妹已經受過一次傷害了，再不慎重考慮，難保不會再次受到傷害。

然而，事情就是這麼巧！昨天我媽媽去廟裡拜拜的時候，看到有一個人拿著一本書在擲筊，而且是邊看邊擲筊。我媽媽十分好奇，於是問那個人說：『妳拿的是什麼書？』一看，才知道是《神啊！我要怎麼問你問題？》，內容主要是在教人如何擲筊問神明問題。

我媽一聽是這樣的一本書，馬上就跑去書店買回來看，書都還沒完全看完，她就迫不及待地跑去行天宮，用書中學來的方法問神明：『信女南下高雄問有關於小女的事情，不知好不好？如果好的話，請給信女三個聖筊。』

筊一擲下去，行天宮的神明果然給了媽媽三個聖筊。她馬上回來告訴我們擲筊的結果，還把書拿給我們看，我一看完，就跟媽媽和妹妹說：『既然是行天宮的神明叫我們去，那肯定不會錯！我們就去吧！』

我妹妹不解地問我為什麼，我跟她解釋說：『妳想想嘛，一間宮廟的神明會叫我們去找另一間宮廟的神明幫忙，可見那間宮廟一定有什麼特別的地方。不然神明就不會叫我們大老遠跑去高雄了，對不對？』於是我們當下就決定，隔天一定要南下到高雄一趟。」

老師一聽完就問她妹妹說：「那妳今天來是不是要問，到底該不該跟妳的前夫破鏡重圓？」

妹妹點點頭，回答道：「是，可是我應該要怎麼問呢？」

「別擔心，等一下我會幫妳問出一個結果。妳先點香跟神明稟明來意，等一下神明就會幫去調查整件事情，然後再替妳選出一條最適合妳走的路。」

等候了大概半小時，此時已經是晚上十點多了，老師開始幫忙問問題。一開始老師先問，與前夫復合是好還是不好？奇怪的是，兩個選項都沒有得到神明的任何指示：問復合好，沒有任何筊數；問復合不好，也沒有任何筊數。看到這種情形，姊妹倆很緊張的問：「都沒有得到任何筊數耶，怎麼辦？」

「不用緊張，如果這兩個問題神明都沒有指示，就代表你們要問的這件事，不是好與不好這麼單純而已，而是在好與不好的背後，還隱藏著一些事情。不管隱藏著什麼事，我們都應該要把它問出來，這樣才是問神的正確方法與態度，也才不會枉費行天宮的神明叫你們來這裡。」

王博士小提醒

問事的基本流程

問事的時候，首先一定要跟神明稟明姓名、出生年月日（最好是農曆）、住址，以及心中所要問的問題，接下來神明就會開始調查你所要問的問題，過了差不多三分之二柱香到一柱香的時間後（一炷香約三十分鐘），就可以開始請示神明了。如果沒有向神明稟明這些基本資料的話，那可能會造成神明無從查起。

「好與不好」背後所隱藏的玄機

問神的時候要注意一種情況，當我們在問神明是與不是、好與不好、對與不對的時候，如果都沒有得到任何筊數，就代表著神明所要告訴我們的，在是與不是、好與不好、對與不對的背後還有重要隱情，其重要性凌駕於是與不是、好與不好、對與不對之上。換句話說，當神明在協助我們做出正確的選擇時，這個「看不到」的隱情會影響我們「看得到」的選擇。

基於多年的問事經驗，老師一看到這種情形便馬上明白，此時最重要的是，問出這背後的隱情是什麼。果然，老師一問，神明便指示要給妹妹兩種籤詩，一種是「為什麼要復合」的籤詩，一種是「為什麼不復合」的籤詩。看到這種指示，姊姊疑惑地問：「這是不是代表神明要讓我們自己選擇？」

「不是這樣的，如果這麼單純，我相信行天宮的神明不會叫你們來這裡，祂們之所以會叫你們來，一定是這件事情當中含有複雜的因素。不過，我們還是先把籤詩抽出來，看看神明怎麼說，再來做打算。」

等到兩種籤詩完全抽出來之後，老師馬上跟妹妹解釋籤詩裡面的內容，「首先，我先解釋跟妳前夫『為什麼要復合』的籤詩。神明要告訴妳，在經濟方面，離婚之前你們夫妻的經濟狀況是還不錯的；在事業方面，妳的事業比前夫還要有成就；從緣分方

王博士小提醒

一直得不到聖筊的時候……

問是不是、好不好、對不對時，如果沒有得到任何聖筊，就代表問題的背後有重要隱情，其重要性凌駕於是與不是、好與不好、對與不對之上，這個「看不到」的隱情，會深深地影響我們如何做出「看得到」的選擇。

面來講，你們兩個可以算是一個很好的正緣。夫妻間雖爾偶會有一些口角，但照媽祖看來，這些口角不至於嚴重到要走上離婚這條路。總結來說，這籤詩是要告訴妳，如果妳選擇跟前夫復合，可以說是再續今生還未結束的緣分，講得再白話一點，神明的立場其實是鑾贊成你們復合的。

然而，現實的狀況卻是：你們已經離婚了。到底又是什麼原因造成你們離婚？我們接著就來看『為什麼不要復合』的籤詩吧！

依照神明的調查，你們夫妻本來不應該會走到離婚這個地步，但事實上你們的確離婚了，其原因有三：第一、是因為妳耳根子太軟，很容易聽信別人講一些有的沒有的。籤詩裡面有講到，過去有人一直在煽動妳，說跟前夫離婚會對妳比較好。有這回事嗎？」

她馬上回答說：「有，過去我常常跟前夫發生口角，心情很不好，在朋友介紹之下去一個地方問事。對方說我們夫妻會有口角是因為命中相剋且無法解決，就算當下勉強在一起，最後也一定會以離婚收場，所以要我趕快跟前夫離婚。回家之後，我左思右想，既然早晚都會離婚，不如就趁自己年輕時趕快離一離。所以，事實上是我先提出離婚要求的。」

老師聽了之後，忍不住搖搖頭，並且問了她一句話：「別人叫妳離婚，妳就真的照做喔？」

妹妹苦笑了一下，並沒有多解釋什麼。

「第二、則是在講關於妳說話方面的一些問題。妳在事業上比前夫還有成就，所以吵架的時候，時常會說一些瞧不起先生的話，像是『這個家的大部分開銷不就都是我在負責的，你以為你一個月可以賺多少錢？』或是『你賺的錢有比我多嗎？』之類的話……」

一聽到這裡，這位當事人說話的音量忽然變得相當小聲。「我確實是說過類似的話，是在非常生氣的情況下，不小心脫口而出的。」

老師於是跟她說：「聽到這裡，妳是否已經領悟到，妳本來只想問該不該跟前夫復合，神明卻賜給妳這兩種籤詩的用意了？」

籤詩的奧妙：有等於沒有，但又不等於完全沒有

妹妹表示自己還是有些不了解，老師當然也知道，她無法這麼快就完全領悟神明的意思，於是更清楚的解釋兩種籤詩裡面的奧妙。

「首先，神明為了妳跟妳前夫做了一些調查，調查結果發現：你們是真正有夫妻命。既然這段婚姻是正緣，就應該更要好好的珍惜難得的緣分才對，況且你們家庭的經濟狀況可以說是相當不錯，不用像有些夫妻會因為錢的事情而時常有所爭吵。所以

說，以緣分的角度來看，神明認為，假使能夠選擇跟前夫破鏡重圓，將會是一件很好的事情。

至於神明之所以賜妳『為什麼不要復合』的籤詩，是因為妳不清楚自己的問題在哪裡。妳的根本問題出在『耳根子太軟』跟『講話太衝』這兩點。想想，假設今天神明在沒有讓妳知道這兩個關鍵缺點的情況下，就讓妳選擇跟前夫破鏡重圓，你們不就很有可能再次離婚？而悲劇也將會再次重演！

我再說的具體一點，如果妳可以改進這兩個關鍵的缺點，神明便會認為妳可以跟前夫復合；要是妳無法或不想改善，那麼祂寧願你們不要復合。在妳無法改進的情況下叫你們復合，不是害你們再傷一次心嗎？神明給這種籤詩，正是在說明『有等於沒有，但又不是完全沒有』的境界。

這裡的意思是說，如果不先改進自身的缺點，那復合之後很有可能會再次分開，復合就等於沒復合（有等於沒有）；相對的，彼此的缺點一旦改進，復合後再次分開的機會就小很多，如此一來，要斷定你們不能復合也不完全正確（不是完全沒有）。結論是，妳願意改變自己嗎？」

也許是自尊心的緣故吧，妹妹立刻反問說：「難道他都沒有問題嗎？」

「當然有，那是我還沒講到的第三點。」老師說。

她看起來一臉很欣慰的樣子，接著又問：「那他的問題是什麼？」

老師笑了一笑說：「如果妳不想復合，那第三點其實也沒有那麼重要了。相對的，如果妳要選擇復合，除了要改變這兩個缺點，也希望能請妳前夫親自來一趟，我會親自向他說明他的問題是什麼。」

她妹妹很不解地問：「不能跟我說嗎？」

「不是不能跟妳說，而是跟妳說根本發揮不了效果，這要跟他本人講才有用。不過，如果妳跟他說，我想他應該會親自來，因為他有心要跟妳復合。」

也許是雙方都有想破鏡重圓的心吧！就在隔天，這位妹妹的前夫就一個人南下高雄來宮裡了。

他一進來就很有禮貌地跟大家打招呼，彼此寒暄之後，老師便問他說：「你知道我請你來這裡的目的嗎？」

「知道，前妻回去有跟我稍微描述了一下籤詩的含意，並且叫我來這裡，說神明有事情要告訴我。所以，我就來請老師指教了。」

「既然你前妻已經告訴你籤詩的內容，接下來我就直接針對你的缺點解釋。籤詩的最後部分有提到，你因為想要多賺一點錢貼補家用，所以偶爾會跑去賭博，想說能不能贏一些錢回來，但絕大部分都是輸錢，有沒有這回事？」

這位先生立刻嚇了一大跳，沒問該怎麼解決問題，反倒是很擔心地向老師探詢道：「她知道了嗎？」

「我沒有跟你前妻說這件事，至於將來要不要講，由你自己決定。不過，我可以告訴你，如果你還想跟前妻破鏡重圓，就一定要走回正道，絕對不要再去賭博。十賭九輸，如果愈賭愈大，早晚會把整個家都輸掉，天底下哪有人是靠賭博在養家的？神明就是查到你有賭博的狀況，如果不明白提醒你，到時候養成習慣，就算復合了，結果依舊難料。

現在，就請你自己先想清楚，決定如何再跟我說。」

這位先生想也不想，立即跟老師保證以後不會再去賭博。老師一聽，馬上跟他說：「不是跟我保證，而是跟神明保證。」

於是，這位先生急忙上香跟神明許下了承諾，之後，老師才協助他問神明接下來的處理方式。

這次，神明除了指示他幾個方法之外，還特別交代他兩件事：

第一、千萬不要太著急，得要再隔一個禮拜，他才可以向前妻提出復合的要求，因為男女雙方的緣分已經分離了好長一段時間，必須要等到一個適當的時機點，緣分才會再一次聚合。

第二、他這次回去臺北之後，一定要再回到行天宮裡表達感謝，並且請求行天宮神明多加幫忙。

神明再三強調，一定要這位先生完成這兩點。

最後要記得感謝神明的幫忙

兩個禮拜後的一天早上，一臺休旅車就停在廟的門口，下車的不只是這對剛破鏡重圓的夫妻，還包括了雙方的父母親。

這位先生的媽媽很高興地說：「兩個年輕人已經正式復合，也辦理了結婚登記，這次專程南下，是要感謝你們的幫忙。」

看到他們終於破鏡重圓，老師的心情固然十分開心，但還是沒忘記再向他們交代了幾句話。

「第一、你們最要感謝的，其實應該是行天宮的神明。如果當初不是祂們指引你們前來，哪有今天的幸福結局。第二、要感謝的還有媽祖當初籤詩的重點提醒，若沒有跟你們說清楚背後的隱情，就算復合了也難保不會再次分開。所以，神明才是真正在背後幫你們破鏡重圓的最大功臣。」

女方的媽媽聽完這番話後，頻頻點頭，除了感謝神明的幫忙外，還特別對老師說：「我終於知道為什麼神明會叫我們來這裡找你們幫忙了。當我看到女兒拿回去的兩種籤詩時，心裡真的是非常震驚，沒想到問事竟然可以問到這種境界，我活到這個歲數了，還是第一次看到這樣的問事流程。不管如何，『要神也要人』，還是非常的感謝你們。」

王博士小提醒

什麼是「要神也要人」？

要神也要人，指的是神與人各有自己的責任，神負責調查問題的來龍去脈與解決方案，而幫忙民眾問事的這個中間人，則要有一定的專業能力和職業道德，正確無誤並公正客觀地將神明所要傳達的事告知當事人。

問神不敗圖解案例

狀況：前夫開口要求復合，該不該跟他破鏡重圓

→難以抉擇時，尋求神明指引

↓ **釐清問題**

先從和前夫復合「好」或「不好」開始問起，但卻一直沒有筊數

↓

詢問神明背後的隱情是什麼→神明表示要賜籤詩說明

↓

籤詩分為「要復合」與「不要復合」兩方面→並非指復不復合都可以，而是神明指出兩者的背後各有原因，端看當事人願不願意改進

↓

女方表示願意改變之後，再要求男方前來，指出男方需要改進的地方，雙方都願意為這段姻緣做出改變，這樣的復合才有意義

問事心法1

當詢問「好」或「不好」卻一直得不到聖筊時，代表背後隱藏著別的事情，要耐著性子問出來

問事心法2

許多人常憑著籤詩內容自行解讀，解籤最好找專業人士來解，解完也別忘了擲筊確認解籤結果是否正確

導致失敗的問事地雷

問事要神也要人

問事時很容易因為急於得到答案，而刻意略過一些「自以為」不重要的部分，本案例中的女方只執著在「該不該復合」上，並不關心自己有待改進的部分。若不改進自己的缺點，就算神明指示可以復合，這段姻緣也未必會有好結果，此即「要神也要人」的道理。

例3 爸爸，一路好走……

離過年只剩下一個月的某一天，剛好寒流來襲，每個人身上都穿著厚厚的外套，老師跟工作人員在宮裡邊泡茶邊討論事情。

此時，一位老太太帶著兒子和女兒走了進來，老太太看起來神情很憔悴，身旁的一雙年輕男女也面無表情。等三人上完香後，老師邀請他們一起喝杯熱茶，順便了解一下他們今天到這裡來是想問什麼事。

老太太喝了口熱茶，深深地嘆一口氣說：「我先生今年已經八十歲，因為中風住進醫院的加護病房。

他剛中風的時候，我跑去一間宮廟抽籤，非常幸運的抽到一支籤王，於是就去找人幫我解籤。解出來的答案是說，我先生能夠安然度過這一關，很快就可以出院回家，叫我別擔心。我聽到這樣的答案，心裡面放心了許多，也沒再去注意先生的身體狀況有沒有什麼變化。

然而，就在上個禮拜，醫院突然打電話通知我，說我先生緊急轉到加護病房，還一度發出了病危通知。我非常緊張，於是立刻通知這兩個孩子回來一趟，以免造成遺憾。

這幾天，我先生的病情似乎有稍微平穩一點，不過還是一直昏迷不醒。我忍不

王博士小提醒

籤詩中的籤王

也有些宮廟寫作籤首、籤頭，籤頭本文：「籤頭百事良，添油大吉昌；萬般皆如意，富貴福壽長。」這是第六十一支籤，不在天干地支排序內（籤詩以十二個天干和十個地支排序，如甲子籤，共六十支），除了生病的老人之外，一般人抽到籤王大多是好兆頭。

住問我這兩個孩子說：『怎麼會這樣，抽到籤王應該會不錯啊！怎麼會變成昏迷不醒呢？』我兒子看過《神啊！我要怎麼問你問題？》，所以建議我可以來這裡問一下他爸爸的情形到底如何。於是，我們就趕緊過來，想請問神明，看看現在應該要怎麼辦才好呢？」

聽完這位老太太充滿無助的描述之後，老師輕輕的嘆了一口氣說：「天底下很少有絕對的事情，根據我的經驗，一般人比較容易什麼都『通用』，也就是照本宣科，鮮少知道要活用與變化。就像妳剛剛提到的『籤王』這支籤詩，老實說，大部分的人抽到籤王的確都算是好事，只不過，偏偏就有一種人抽到這支籤詩，反而代表著不好的現象。」

神情一懍，老太太馬上追問：「哪一種人抽到籤王不好？」

老師回答說：「年紀大且又生病的老人。」

「真的嗎？為什麼？」老太太非常不解的反問老師。

神明想的和你不一樣——老人抽到籤王，病情愈來愈糟糕

老師對這位老太太說：「年紀大又生病的老人抽到籤王反而不好的原因，我們等

一下再來講。妳今天要問神明有關妳先生身體方面的問題，我們就先從這個問題開始處理吧？」

「好，那就麻煩老師幫我們問。」老太太回答。

在一連串擲筊請示的結果之下，神明指示要賜籤詩說明這位老先生的身體狀況。沒想到的是，在抽籤詩的過程當中，發生了一件非常不可思議的事——老太太竟然又替先生抽到一支籤王，跟上次一模一樣。

看到這種情形，老太太瞪大了眼睛，直呼不可思議。「怎麼會這麼巧，連續兩次都抽到同一支籤詩？老師，你剛剛說大部分的人抽到籤王都可以說很不錯，唯獨年紀大且生病的老人抽到支這籤詩不好，到底是為什麼？」

老師這才對老太太解釋說：「剛剛我不講原因，是因為在神明還沒有指示任何事情之前，所講出來的話都只是憑感覺，這樣很不客觀。既然現在神明已經指示出來了，那我就可以說明妳先生現在的狀況。

年紀大又生病的老人抽到籤王之所以不是一件好事，是因為陽壽已經快要盡了。以『人的立場』來看，這當然不是好事，因為長輩即將往生；但若以『神明的立場』來看，則表示這個年長者即將擺脫病痛之苦而駕鶴仙歸、反璞歸真，這是好事，所以才會給籤王。不過，為了慎重起見，我們還是擲筊再確定一次妳先生的陽壽是否確實將盡。」

王博士小提醒

病重老人抽到籤王

一般人抽到籤王大部分都算是好事，唯獨年紀大又生病的老人抽到籤王，表示此生將功德圓滿結束。以神明的立場來看，生病老人抽到籤王，表示他們即將脫離病痛的折磨，當然是好事；但以人的立場來看，就代表長輩即將往生，所以不是好事。

經過老師再一次的擲筊驗證，果然連續得到了三個聖筊，也進一步證實了這位老先生確實陽壽將盡。

看到連續出現三個聖筊的時候，老太太及兩個孩子馬上就掉下眼淚來。老師看到他們如此難過，連忙安慰他們母子三人說：「人一生都一定要走完生、老、病、死這四個階段，在這世上才算修完個人的課業；這也是上天給每個人最公平的對待，沒有一個人會擁有豁免權。了解這個道理之後，我們就應該以豁達的心來看待神明今天給你們的答案。」

老太太邊掉眼淚邊回答說：「我知道了。」

老師接著說：「既然知道妳先生陽壽即將走到盡頭，現在又躺在加護病房昏迷不醒，接下來應該問神明有沒有要交代你們怎麼做，這才是重點。」

於是，老師繼續幫老太太跟她兒女問神明，有沒有什麼事情要交代他們去做。果不其然，神明接著交代老太太三件事情：

「第一、既然你們來這裡請求我幫忙，而且又快要過年了，我會盡我的能力在這一個禮拜內讓妳先生醒過來，好讓你們一家人今年能一起過年。

第二、妳先生醒過來之後，你們全家都要對他好一點，不管是生活上或言語上，都盡量順從他，這樣他會感到很欣慰，在人生的最後這段路才會走得安詳些。很多人往往忽略了這個道裡，也許是因為『久病無孝子』，家中若有長期生病的長輩，孩子很容易會用不耐煩的態度對待他們，結果反而讓年長者的最後一段路拖得很久，對雙方都是折磨。

第三、過完年之後，如果妳的先生有出現一些異常行為，或講一些奇怪的話，那就表示時間快到了，這就是俗稱的迴光返照，到時候妳還要趕快過來一趟，我最後還有一些話要交代。」

老太太記住神明交代的三件事後，神情悲傷的牽著兒女的手回家了。

然而，事情就是這麼奇妙，就在老太太問完事回去的第四天下午，她的女兒便打電話來說，她爸爸已經在前一天醒過來了，等他的身體狀況再好一些時，他們就要接他回家相聚了。

她接著說道：「剛剛在跟爸爸聊天的時候，他說在昏迷的這段日子裡，有一天，他夢到一個女生拿著一顆金色的藥丸給他吃，在吞下黃金藥丸前，我爸爸忍不住問她：『妳是誰？』而她所回答的住所，竟然就是你們宮的名字！我跟媽媽聽到爸爸這麼問，都嚇了一跳，於是趕緊打電話給你們，一來是想告訴你們我爸爸已經醒了，二來是想事先報備，我們等一下會帶爸爸去宮裡面拜拜。」

等他們一家人抵達的時候，已經快接近傍晚了，全家上完香之後，老太太把整個過程完整的敘述給我們聽，也一直謝謝神明暗中的幫忙。也許是急著帶老先生回家休息，所以他們並沒有停留太久，只跟大家稍微聊了一會兒，就開著車回家了。看到這個情形，老師

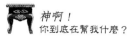

也很替老太太一家人感到高興，欣慰之餘，更希望他們能好好珍惜全家人團聚在一起的最後時光。

就在元宵節前夕，這位老太太再次前來找我們。一走進宮裡，她馬上就跟老師表示，最近她先生的行為非常奇怪，就像是變成另外一個人似的，突然變得很會罵人，尤其到了晚上，不只罵人的次數更多，聲音也更大，連左鄰右舍都聽得到，所以全家人都覺得很害怕。「直到昨天，我才猛然想起神明有交代，如果我先生的行為出現異常，就要趕緊過來。因此，今天一早我就趕快過來請示神明，想請老師再幫我問神明，看看接下來要交代什麼。」

等老太太上完香之後，老師再一次幫她請示神明。

這次，神明交代了兩件事：「第一、我已經盡了最大的力量幫這位老弟子，他的時間已經差不多了，在這一個禮拜左右就會有變化。第二、不要太過悲傷，也不用太過擔心，我們會幫忙牽引這位老弟子，讓他走得很安詳。所以，妳現在要做的事就是趕緊準備妳先生的身後事。」

老太太看到神明做了最後這兩個指示，眼淚瞬間潰堤，悲傷到無法說出話來。過了幾分鐘，老太太再一次上香感謝神明的幫忙，然後在短短地跟我們道謝之後，神情黯然的獨自回家了。

老太太回去之後的第六天，老師便接到她女兒打來的電話，說老先生在昨天中午往生了，他是在睡夢中離開人世的，走得十分安詳，一點痛苦都沒有。他們一家人都很感謝媽祖，只是現在家裡正逢喪事期間，不方便前來，等到事情處理完之後，會親自前來感謝神明的幫忙。

喪事結束後的某一天，老太太跟她的女兒提著一籃水果走進了宮裡，待上完香之後，老太太才開始說：「我今天來拜拜，一來是要感謝神明的幫忙，二來是要跟老師說，在我先生要往生的前一天，他突然又變得很安靜，也不再罵人，還忽然說祖先就要帶他走了，叫我不要太悲傷，要堅強的好好活下去。隔天中午，我們要叫他吃飯的時候叫不醒，才發現他已經走了。我很欣慰，我先生走得很安詳，一點痛苦都沒有，真的謝謝你們。」

老師說：「請不要太過悲傷，從我的經驗看來，人一生最難得的，就是臨終時可以走得很安詳。所以，不要太難過。」

聽到老師這麼說，老太太臉上終於有了一絲欣慰的表情，最後和她女兒牽著手一起回家了。

望著老太太逐漸遠離的背影，老師忍不住這樣想：「神啊，大部分的人都不知道，在人即將離開這個世界的時候，祢到底在這當中幫了我們什麼？可是我知道，也希望所有人能知道，在我們的生命即將走到最後盡頭，是祢幫我們點燃一盞明燈，牽引著我們、護佑著我們，安詳、平穩且毫無痛苦的走到另一個世界，謝謝祢。」

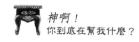

問神不敗圖解案例

狀況：先生因中風住院，去廟裡求籤得到籤王，表示能安度難關，卻一直昏迷不醒

↓ **釐清問題**

請示神明後，神明指示要賜簽詩説明

↓

同樣抽到籤王，代表老先生陽壽將盡→請示神明解籤是否正確，得到三個聖筊

↓

神明交代，老先生在過完年後會行為會出現異常，屆時要來宮裡一趟

↓

再度回來宮裡請示，並按照神明的交代送走老先生

問事心法1

大部分的人抽到籤王都算好事，但是生病的老人抽到，則代表陽壽將盡，此生已功德圓滿

問事心法2

解籤之後，一定要請示神明解的是否正確，才算是完整的解籤步驟

導致失敗的問事地雷

解籤的不能照本宣科

解籤不能一個原則通用，本案例中的籤王是針對生病的老年人，便有陽壽已盡、功德圓滿之意。解籤宜找專業人事來解釋，解完後再請示神明是否正確。

例4 不要怕，有神明在！

望子女成龍鳳是每一位為人父母者的期待，從小孩出生的那一刻起，便殷殷期盼孩子能健康快樂的長大，子女們要是有什麼病痛，最擔心受怕的也莫過於父母親了。無論面臨的壓力多大、多累，只要看到小孩天真的笑容，再辛苦也都感到值得了，這就是——天下父母心！

然而，每個小孩先天上的條件不一，再加上後天的環境狀況適應的不同，因此發展出一種習俗：為了讓孩子「好腰飼」，有些長輩會請神明收孩子為誼子女（契子），希望能讓孩子在神明的保佑下平安長大。

今年六月，有一位媽媽為了孩子的發展問題前來問事。一問之下才知道，原來這位媽媽的孩子被診斷出有發展遲緩的問題，已經五、六歲了，還不會講話；最寶貝的兒子面臨到這種問題，做媽媽的心情，自然是非常的焦慮與擔心。

這位媽媽很擔憂的向我表示：「王老師，我跟我先生總有一天會老，再這樣下去，等我們老了之後，孩子該怎麼辦？他會好起來嗎？他的生命又該怎麼維持下去？將來，他會不會被這個社會所遺棄……」

講到這裡，這位擔心孩子的媽媽忍不住哽咽了起來。

一看到這位媽媽如此傷心，我馬上安慰她說：「既然已經確定孩子的問題來自發展遲緩，現在我們應該要問神明的是：『造成孩子發展遲緩的背後原因』到底是什麼？這才是最重要的。」

稍微停頓了一下，我繼續向這位媽媽表示道：「以邏輯來推論，與其問孩子會不會好起來，倒不如問影響到孩子『好轉的關鍵在哪裡』？如果有背後的因素，我們就要把它找出來，然後解決掉，那妳孩子的發展就會有所進步。相對的，如果沒有背後因素，那我們就要問，有沒有其他辦法來幫助你的孩子。總之，妳先不要怕，媽祖會給這個孩子一條路走的。」

望、聞、問、切問事訣竅

許多人在遇到重大事件時，往往會慌張得六神無主、不知如何應對，在這種心理狀態之下，往往很容易別人說什麼，就跟著照做什麼，甚至在尋求宗教協助的過程中受騙、上當。人家說「關心則亂」，其實只要靜下心來冷靜判斷，不論是多麼複雜、棘手的問題，往往都可以從中看出端倪，並以此作為著手處理的重要依據。

在這裡跟大家分享「望、聞、問、切」的問事原則，只要根據這個訣竅來問事，就能讓我們對眼前的問題有更多的掌控權；有了掌控權，我們自然就能夠冷靜下來，好好的運用智慧判斷。

問事訣竅——望

我對這位媽媽說：「依我看，孩子目前的面相並沒有出現變化，如果醫學診斷出MR（Mental Retardation，智能缺陷）的話，孩子的面相應該會出現些微變化才對，這也是我比較擔心的狀況，可是妳孩子並沒有，所以妳不用太擔心孩子的智力有受到損害。」

問事訣竅——聞

我又繼續說：「我聽他發出的聲音，音量還蠻宏亮的，只是語言組織能力的構造還沒有在他的腦中成形，導致他講不出完整句子，並不是喪失語言功能，我是以特殊教育的觀點來判斷這點的。所以，妳也不必太過於擔心他不會講話。」

問事訣竅——問

既然望跟聞所觀察到的，大致上都還在可接受的範圍，那麼接下來就要請示神明，看看背後的原因在哪裡。然而，一連問了好幾個選項，神明指示孩子的問題並非欠點所導致，確實是發展遲緩沒錯。

這也就是說，並不是無形因素（假性發展遲緩）影響了這位母親的孩子，所以我們就應該要排除這個疑慮了。

問事訣竅——切

既然已經知道沒有背後欠點，那接下來的切入點該怎麼問呢？

應該問如何改善這個孩子的狀況——這樣才能使整個問事有頭有尾。經過擲筊確認過後，神明指示了我們兩個重點：

一、需要繼續配合醫學上的療程。

二、必須由神明收這位媽媽的孩子為誼子，庇護著他，以神明的力量加強孩子的發展進度。

這位媽媽看到神名願意收自己的孩子當誼子，當下非常的開心，隔週便馬上將儀式所需要的東西都準備好，誼子儀式也在當日順利的完成了。儀式完成之後，神明在當日也交代了這位媽媽兩件事：

一、若誼子的銀牌有發黑的情形，很可能是神明有所指示，一定要記得回來請示。

二、孩子滿十六歲時，要記得回來舉辦弱冠成年禮。

事情過了五個月之後，我們收到了來自這位媽媽的感謝留言：

「非常感謝王老師的幫忙，自從我的孩子被神明收為契子後，我確實感覺到他在各方面的進步，我對王老師幫我問出來的答案非常信服，因為孩子的進步是大家有目共睹的，能看到孩子這樣的差異與改變，我非常高興與欣慰！真的很感謝王老師，我相信『山不在高，有仙則名；水不在深，有龍則靈』，非常感謝王老師和工作人員的幫忙，謝謝你們，辛苦了。」

科學與宗教結合，問事更準確

問事，需要從各個角度（望、聞、問、切）去審慎思考與觀察；其實，天底下的道理都是有關聯性的；我們在做科學研究的時候也是一樣的，變數與變數之間，也會有相依的情形發生。所以，只要我們有能力把科學與宗教做結合，就不會只知其然，而不知其所以然了。

神疼愛子民，正有如父母對孩子無私的奉獻。在徬徨、無助的時候，只要心中存有神明，祂們總會溫柔的點亮一盞明燈，給我們堅強的力量，繼續向前走。而祂們的愛，也會藉由各種形式傳到每一個角落。

如今，也有愈來愈多小小主人翁被收為神明的誼子，真心祝福這些孩子們能在神明的庇祐下平安快樂的長大成人。

問神不敗圖解案例

狀況：兒子被診斷為發展遲緩，為了問兒子的身體前來問事
→已經看過醫生，因此尋求神明指引

↓ **釐清問題**

先擲筊確認當中是否有欠點→神明表示背後並無欠點

↓

詢問如何能改善→神明指示出兩點，表示可請神明收孩子為誼子，以神明的力量加強孩子的發展進度

問事心法 1
問事切勿慌亂，先以「望聞問切」的口訣仔細觀察、聆聽，收集各方資訊之後，找出合適的切入點請示神明

↓

遵照神明的指示，順利完成了誼子的儀式→儀式完成後，不忘再問神明是否還有特別的交代

↓

神明交代後續需留意之事。在這之後，孩子的發展果然有了進步

導致失敗的問事地雷
誼子儀式
被神明收為誼子後，別忘了在十六時辦理「弱冠儀式」，表示已成年。

起乩概念流程圖

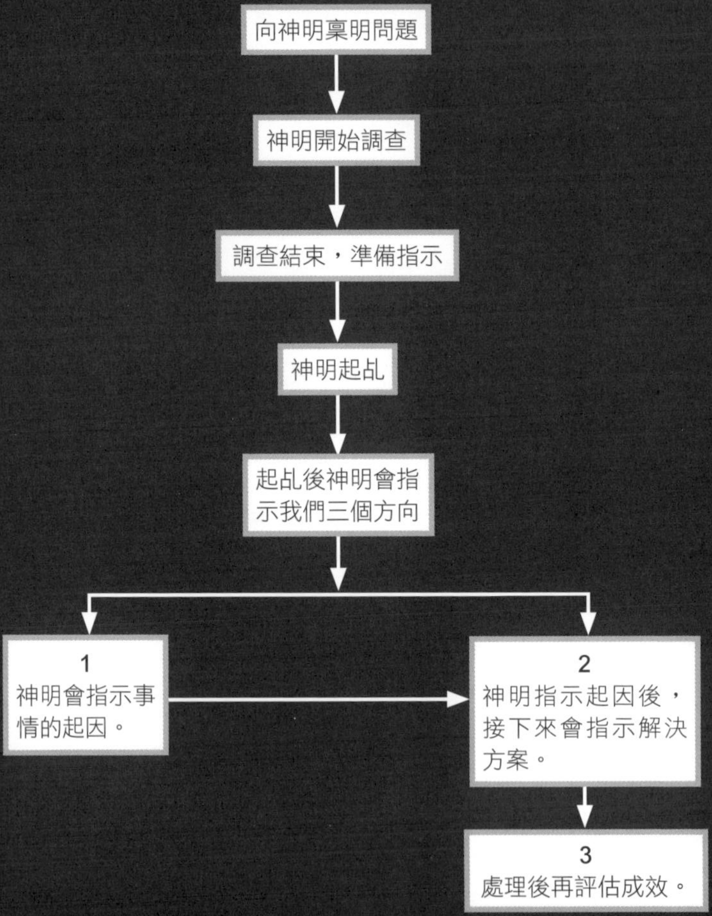
向神明稟明問題
神明開始調查
調查結束，準備指示
神明起乩
起乩後神明會指示我們三個方向
1
神明會指示事情的起因。
2
神明指示起因後，接下來會指示解決方案。
3
處理後再評估成效。

起乩專門處理複雜案情

事情往往不單純，要慎重以待

起乩也是問神的方式之一，但神明為什麼要選擇起乩這個方式呢？如果一件事的案情非常複雜，複雜到用擲筊和籤詩都很難講清楚時，神明就會選擇用起乩的方式，將整件事情的來龍去脈做個清楚的交代。

什麼時候才需要起乩問事？

曾經有一對夫妻抱著一個才兩歲大的孩子前來問事，因為這個孩子已經整整哭了好幾個小時，哭到整個臉呈現紫黑色。起初夫妻倆以為是孩子生病，或者身體出了狀況，所以將孩子帶去醫院掛急診，可是醫生卻檢查不出任何問題。當這對夫妻把孩子帶回家時，孩子又開始哭個不停，夫妻倆簡直嚇壞了，不明白小孩子怎麼會哭成這個樣子，於是在朋友的建議之下，趕緊把孩子帶來宮裡。

剛開始，老師利用擲筊請示神明，可是問了大概快二十分鐘，神明都沒有指示任何答案，後來才指示這件事情必須以起乩的方式處理，於是，老師立即準備起乩相關事宜。神明起乩後指示，這對夫妻前一天晚上開車經過一條山路，小孩子突然急著要小便，一時之間又找不到廁所，在計無可施之下，只好讓他就地解決，才會因此讓小朋友卡到一些不乾淨的東西，導致回家後一直哭個不停。

既然已經知道小孩子哭不停的原因，那接下來要如何處理呢？神明交代夫妻倆必須開車前往當時小便的地點處理。可是，由於當天時間太晚，確切的地點已經記不太清楚了，此時神明再度指示，只要順著那條路一直開，一旦到了正確的地點，祂自然會有所動作。於是，這對夫妻開車載著老師以及乩童，沿著同樣的路線一直開，開到接近一座涼亭時，乩童忽然被神明附身，指示出正確的地點就在那裡。大夥下車後，神明透過乩童跟對方協調，最後在達成協議之下，燒化了一些紙錢給對方。就這樣，經過了大概二十分鐘的處理過程，小孩子忽然停止了哭泣。也許是哭累了的緣故，他很快地便進入夢鄉，呼呼大睡，這件事情就這樣解決了。

藉由這個案子，我們學到神明會視案情的複雜程度，決定是否要以起乩的方式處理，如果神明選擇以起乩方式處理，就要有事情可能不單純的心理準備。仔細想一想，要透過擲筊了解小朋友哭不停的原因，困難度真的會很高！神明選擇用哪一種方式幫我們，都有祂們的考量，本章節就是在說明神明如何透過起乩幫我們解決問題。

王博士小提醒

慎重看待起乩的指示

當案情複雜到用擲筊跟籤詩都很難講清楚時，神明可能就會選擇用起乩的方式，將事情的來龍去脈做個清楚的交代。在問事的過程中，如果遇到神明選擇以起乩來處理，就要有事情可能不單純的心理準備，必須慎重看待。

例1 無法懷孕的夫妻和心急如焚的老母親

十多年前，一對林姓夫妻結婚十多年來一直無法懷孕，有時還會像精神失常一樣的發瘋，一發起瘋來，就會跟廟裡的乩童吵架，甚至是打架。林先生在家裡排行老么，上面有三個哥哥，都已經各自結婚生子，唯獨他跟太太一直無法順利懷孕，遍尋了名醫也絲毫不見起色。七十多歲的老母親擔心的不只是他跟兒媳婦不孕的事，更令她擔憂的是，小兒子有心臟病，每次發病起來，病況總很嚴重，所以他們都會固定到高雄楠梓後勁的一間中醫診所，看小兒子的心臟病。

神明一直沒有指示，一定有祂的理由

老母親為了小兒子夫妻無法懷孕的事，問遍了大大小小的神明，但問題一直都沒有解決，最後來宮裡尋求指引。這天，老母親一家人一早就跟著小姑、妹夫，以及小兒子夫妻南下高雄來問事。說明來意後，老母親率領一家人跪拜，以最虔誠的心焚香叩首，祈求神明大發慈悲，救救小兒子與媳婦。祈求完畢，大夥都站起來把香恭恭敬敬地插在香爐上，此時老母親還是一直跪著，淚流滿面地對著眾神明說：「信女為么兒之事誠心祈求，懇請眾神明救我兒子！」

老母親話一說完，老師就擲筊問神明，神明指示此事無法透過擲筊說清楚，必須以起乩的方式說明事情的來龍去脈。等起乩所需的儀式都準備好時，神明起乩表示：「老信女啊，妳不惜路途遙遠前來求我這小神，可見妳的心非常虔誠。現在我先問妳一些事，我說的若是對，妳就說對，我說的若是錯，妳就說錯，不用不好意思，也不用顧慮什麼，兩相對照，才可以知道我所查的事情是否準確。」老母親連忙應好。

神明問那位老母親說：「過去你們林家是一個非常有名望的家族，家境也非常富有。就因為妳小兒子的事，妳去過非常多宮廟，問過非常多神明，不但沒有把事情處理好，還導致家道中落、家境貧寒。我所說的，是否屬實？」

老母親流著眼淚回答說：「的確是這樣，過去確實去過很多間宮廟，也問過很多的神明，他們跟我說如果要處理這件事，就要做這個、做那個，或是說必須要花多少錢，才能把事情處理好。我那時六神無主，什麼都不懂，一心只想趕快把事情處理好，所以別人叫我做什麼，我就做什麼……結果到了現在，事情非但沒處理好，好好的一個家庭也變了樣。」

神明說：「好，老信女妳別太擔心，我會盡量幫妳處理這件事。不過，這件事比較複雜，我無法保證能在短時間內解決，希望老信女妳不要心急，如果妳急著要我盡快把事情處理好，那我可能沒辦法。這樣妳能接受嗎？」

老母親一口答應了神明的要求，神明於是繼續說：「既然妳答應了，首先我會派一

王博士小提醒

沒有「花錢才能消災」這回事！

真正以濟世救人為主的宗教，不會說要花多少錢才能解決事情，神明體恤眾生，會在我們能負擔的能力範圍內協助民眾處理好事情。

尊神明到妳家中鎮守。神明去妳家，第一是要保妳家中一切平安，第二是要把所有的事情做一次徹底的查明，以防萬一。這需要一些時間，所以我才會叫妳不要急，希望妳能理解我的用意。」

交叉比對以求正確

神明指示完畢後，老母親一家人就依照神明的安排，請了一尊神明回雲林家中鎮守。老師擔心他們把神明請回家後，不知道後續該如何處理，為了保險起見，並且盡到濟世救人的責任，決定跟他們一起回雲林，協助後續的工作。

老母親一家人及老師抵達雲林時，已經是晚上七、八點了。老師在幫他們安置好神明之後，隔天早上便動身準備回高雄，臨走前還交代他們說：「神明在這裡鎮守，等事情都調查好了，祂便會有所指示。一有結果，我會馬上打電話給你們，你們再下來高雄做進一步的處理。」

大約隔了三天，老師就打電話告訴這位老母親說：「神明有指示，你們可以下來高雄了。」隔天老母親一家抵達宮裡，老師就告訴他們道：「去妳家中的這尊神明已經有回來指示了，現在我要跟你們核對，看神明所指示的情節，跟你們實際發生的情形有沒有符合，記住，對就說對，不對就說不對，千萬別不好意思，這樣才不會誤事。」

大夥兒全神貫注的聽著神明指示。「過去你們林家曾因為房子倒塌，導致一位親戚家中的祖先牌位（裡面總共有十八位祖先）沒有地方安置，而妳覺得很可憐，就把親戚的十八位祖先全都請回家中祭拜了。不過，請回來之後，家中就開始出現一些很奇怪的事，接下來妳因為小兒子的事去問過宮廟，那時有人跟妳說，你們林家祖先有問題，才導致小兒子夫妻一直無法懷孕，應該要趕快把祖先請出去，這件事才有辦法解決。之後，妳也把祖先的牌位給請了出去，有沒有這件事？」

這位老母親說：「有，有這件事。」

神明接著問：「之後小兒子夫妻倆還是沒有辦法懷孕，甚至整個家裡開始不平安。所以第二次，妳又去問另外一間宮廟，請人幫妳處理家裡面的事和小兒子的事，結果又把祖先請回家中祭拜，有沒有這件事？」

這位老母親說：「有，的確有這件事。」

「之後妳發現家裡面還是無法平安，不但小兒子的事沒解決，連其他兒子的事業也都失敗。所以妳又再次去請人幫妳處理，這次則是叫你們把祖先牌位燒掉，而你們也就真的燒掉了祖先牌位。

最後一次，又要妳在外面蓋一間小屋子，專門給祖先住，所以你們又再一次把祖先牌位請到這間小屋安置。這前前後後，進進出出地接連了好幾次，也花掉了不少錢，但事情還是一樣很嚴重，有沒有這件事？」

「有，的確有這件事，現在我們林家的祖先就在那間小屋裡。原本只是小兒子的事而已，到現在連家裡面也很不平安，其他兒子的事業都開始不順利。」

神明接著說：「妳家確實是祖先欠點沒錯。」

一定要先找出問題的刺

這位老母親問老師說：「所以確實是祖先問題？」

「是的，我們廟的神明在幫信徒查明事情的時候，絕對是先調查那根『刺』是什麼，以及那根『刺』在哪裡？而妳家裡面的不平靜、兒子與媳婦無法懷孕的那根『刺』，正是你們祖先的問題所引起。先把祖先的問題處理好了，接下來再處理家裡面和兒子、媳婦的事，這樣的處理程序才是正確的。」

處理祖先欠點的問題

老母親聽完解釋後，對老師說：「我直到今天才知道什麼叫做『天外有天，人外有人』。過去從未有人對我分析過這些原因，大多只是看到問題，就針對問題處理，並沒有查明引起問題的『根』是什麼。也有一些人會跟你說原因在哪裡，但就是無法處理好——這件事拖了那麼久，處理過那麼多次，一直都無法解決，原因就在這裡。」

王博士小提醒

先除掉問題的「刺」，才能將問題解決

正如傷口一定要在刺拔除後才能包紮一樣，神明在幫信徒查明事情的時候，會先調查問題的「刺」是什麼，才來處理表面看到的問題，如此才是正確的處理程序。

老師告訴她道：「神明敢說出問題的原因，就代表祂們有辦法處理。如果沒有辦法處理，祂們是不會做任何指示的。更重要的是，事情沒有查到百分之百正確，神明也不會做出任何指示，因為這樣反而容易誤事。」

老師一說完，這位老母親更是深深地嘆了一口氣。「我終於明白神明背後的苦心了。」接著她問老師說，「那接下來我們要怎麼處理？」

「我們先詢問神明，看祂們有沒有要指示該在什麼時候開始辦理這件事。如果沒有，我們就自己安排，找一個雙方都配合得上的時間。至於辦理的方式，之前神明已經指示過了，你們家祖先有該拜、不該拜、資料寫錯、倒房[1]的問題，所以就依照之前所講的那幾種解決辦法，再配合神明處理。」

老師接下來馬上配合神明，居中協調，把林家祖先該拜、不該拜、神主牌位資料寫錯、倒房，以及那些沒有進來家中、在外流浪的祖先請回來，全部重新整理一次。歷經三個月的時間，雲林、高雄數次來回的奔波，終於把林家祖先完完整整的整理了一次。之後為求慎重，再請林家祖先「親自」指示，讓後代子孫確定祂們「圓滿高興」後，祖先的問題才算是正式的處理完畢。這根「刺」（祖先問題）已經拔起來了，接下來就是要處理這位老母親小兒子身體的事了。

「神明處理事情，一定都是先查明『病根』是什麼，也就是把那根『刺』先拔出來，拔出之後，再來治療。記住，如果『刺』不先拔，治療也不會有什麼效果的，就

[1] 小時候就不幸夭折往生，或在一生中沒有結婚，或沒有後代即往生者，不管有沒有成年，都稱為倒房。

好像一條打了好幾個結的繩子，我們要從第一個結先解，再依序解其他的結，道理是一樣的。」

改善心臟的毛病

祖先的「刺」處理好了之後，林家老母親再次帶著兒子跟媳婦到宮裡，一來答謝神明，二來是想解開小兒子心臟問題的這個「結」。一家人焚香完畢之後，神明馬上指示：「老信女，關於妳兒子心臟方面的問題，應該去看醫生。但看醫生前，我給妳小兒子一樣水果吃，吃完有助於醫生診斷出症狀，不知他要不要吃？」

老母親跟小兒子一口就答應。神明繼續指示說：「那好，現在桌上的供果有橘子，妳拿一顆橘子在供桌前，等我『處理』完再讓妳小兒子吃下去。吃完之後，要先坐著休息十五分鐘後再離開。」

等神明把這顆橘子處理完後，老母親的小兒子就把橘子吃下去，然後坐在椅子上休息。幾分鐘之後，他開始全身冒冷汗，心跳加速，還有點發抖，又過了十五分鐘，身體就慢慢地恢復了正常。這時，神明再一次指示老母親的小兒子道：「剛剛你吃下去的，是已經處理加持過的水果。也是在幫你處理心臟方面的問題，可以把一些難診斷出來的症狀顯現出來，之後你再去看醫生，醫院的儀器就比較容易找出原因。」

吃了神明處理加持過的橘子後，老母親的兒子後來又去看醫生。過了一些日子，老母

王博士小提醒

常見祖先問題＆處理步驟

核對神主牌的資料與「除戶」（往生者的人口資料，可到戶政事務所申請，申請時記得要指名是「全戶」，資料才會完整）資料後，就比較能找出究竟是出了什麼樣的祖先問題，常見的有「該拜的祖先沒拜、不該拜的祖先卻拜了」、「祖先牌位資料寫錯」、「倒房問題」、「雙姓祖先」……。

1. 該拜與不該拜的祖先：

一定要丟掉「有拜有保佑」、「多拜多保佑」的迷思，只能拜該拜的祖先——直系血親家族的祖先。若不是你這房（即伯叔兄弟輩已各有後代）的祖先，就不能拜。

處理方式：

請「務必」配合神明的指示，處理該拜與不該拜的祖先問題，神明有指示，就代表神明已經跟這些祖先協調好，才可這麼做。反之，則代表雙方還未協調好——不可擅自作主，以免愈弄愈糟。一般處理不該拜的祖先有幾種方式：

⑴燒一些紙錢給不該拜的祖先，在燒紙錢同時，也把這些牌位燒化掉。

⑵有些神明會指示，把這些不該拜的祖先收為自己的兵馬。

2. 祖先牌位資料：

祖先牌位上的資料一定要正確無誤，包括名字、出生日、往生日、祖先往生時的身分（如曾祖父母、祖父母）是什麼都要據實詳細填寫。

處理方式：

若發現欠點的問題是牌位資料寫錯，則必須重寫。

3. 倒房：

小時候不幸夭折往生、一生未婚、沒有後代就往生等斷香火者——不管是否成年，都稱之為「倒房」。

處理方式：

男性倒房：

⑴另寫一位後代子孫去奉祀（通常不會是長子或長孫）。

⑵在佛寺供奉，每逢大節要記得祭祀。

⑶辦理投胎。

女性倒房：

⑴冥婚。

⑵在佛寺供奉，每逢大節要記得祭祀。

⑶辦理投胎。

4. 雙姓祖先：

祖先曾冥婚，或祖先曾被招贅，都會造成雙姓祖先的情形。

處理方式：

確認導致雙姓祖先的原因，及是否有其他問題需一併處理。

親帶著小兒子來找我們，很高興地說：「經過醫生的治療，心臟的問題已大大改善，而且兩個夫妻『一起發瘋』的情形，從祖先那件事辦完後，就都沒有再發生過了。」

解決生不出孩子的狀況

整件事情的「刺」——也就是祖先問題已經完全拔起，於是「夫妻莫名其妙發瘋」這第一個結也連帶解決了，而第二個結，也就是心臟問題也獲得了改善。因此，現在要開始解第三個結，也就是夫妻倆無法懷孕的事情了。

又隔了一個月，林家一家人——包括小兒子的姑姑跟姑丈，專程相約一起到宮裡感謝神明跟老師的幫忙。大家坐著一起泡茶聊天，聊到一半，神明突然開始指示說：「在座的各位善男信女們，你們有誰想要做善事？」那一天，宮裡聚集了很多人，大家都滿頭霧水，不解神明為何會突然做出這樣的指示。有人開口問神明要做什麼善事？神明繼續指示：「在南方一個海邊的沙灘上，長出一朵紅花，如果有人想要做善事，就去把這朵紅花摘回來。」

那人又問道：「把紅花摘回來是要做什麼？」

神明接著指示：「這朵紅花摘回來，是要幫雲林這對林姓夫妻懷孕用的。」

林家人聽了，全都嚇了一跳。「竟是為了我們的事！而且沙灘上會長花出來嗎？」

林姓年輕人的姑姑自告奮勇地說，「我去好了，自己的姪子，哪能不幫忙啊！」

臨行之前，小兒子的姑姑跟姑丈擔心自己找到的不是神明指示的那朵紅花，還特別請了一尊神明一同前往。他們用一條紅布把神明綁在胸前，然後帶著一塊木板（準備擲筊確定是不是指示的那朵紅花，因為在沙灘上無法擲筊，所以需要墊塊木板）、一對筊，開車往南方的海邊開去，尋找那一朵生長在沙灘上的紅花。

林家姑姑跟姑丈一直開到南邊（高雄的紅毛港附近），就下車往沙灘方向走。忽然看到一朵紅花長在沙灘上，為了確定是不是這朵紅花，便把準備好的木板平放在沙灘上，對著一起帶去的神明擲筊。果然一擲就擲出了三個聖筊，兩人很開心地把紅花摘回宮。

回來之後，神明馬上指示道：「老信女啊！妳把這朵紅花丟到水裡去煎煮，給妳的小媳婦喝。」很神奇地，小媳婦喝完之後，在幾個月之內就懷孕了，並在懷胎十月後生下了一個女兒。隔年，夫妻倆又順利懷孕，生下一個兒子。如今，夫妻倆順利地擁有一對兒女，林家的情況也跟以前完全不一樣了，於是林家老母親跟兒子、媳婦說：「我們做人要飲水思源，大家找個時間再去答謝神明吧！」

林家一行人抵達後，全家跪著叩拜感謝神明慈悲，為林家所做的一切。此時，神明又做了一次指示：「老信女，我已經跟你們林家祖先談好了，妳回去雲林之後，焚香向祖先祈求，若祖先能在六年內保佑妳每個兒子事業順利，妳就做一場法會超渡祖先。記住，如果祖先真有做到，你們也要說到做到，千萬不可忘記對祖先許下的承諾。」

結果不到三年的時間，林家每個兒子的事業，都有了很大的起色。

問神不敗圖解案例

狀況：老母親為兒子多年不孕以及心臟問題前來問事

→已看過多年的醫生仍沒好轉，是以來請示神明

釐清問題

神明表示無法以擲筊說明清楚，須以起乩的方式說明來龍去脈

神明透過乩身說出老母親由望族到家道中落的過程→老母親證實確有其事，神明允諾會盡力處理，同時也會派神明去家中鎮守→遵照指示安置好神明

問事心法1

神明調查、處理案件都需要時間，但於此同時，也會盡力確保問事人的平安。務必保持耐心，等待神明的調查結果

三天後，神明指示欠點為家中的祖先牌位，於是先處理祖先欠點問題→牌位圓滿處理好後，老母親帶著兒子回來答謝神明，神明下指示治好了心臟問題

問事心法2

祖先問題處理不好，容易影響整個家族的運勢，面對祖先牌位問題務必要慎重（詳見P76）

再次前來感謝神明，神明指示以紅花改善多年不孕的問題，之後順利懷了一對兒女

導致失敗的問事地雷

對萬物抱持尊重心

本案例中，兒子的身體及不孕問題其實是「果」，祖先欠點才是「因」，若因為嫌麻煩、或認為不相關而不予處理，就算表面的問題解決了，將來也會在其他方面展現出欠點的不良影響。

例2 回來吧！我的孩子

「喂，是老師嗎？」上午十點四十分的一通電話，揭開了這件事情的序幕……

「老師你好，我是早上打電話來的那位先生，旁邊這位是我太太，我們今天來主要是想請教老師一些問題。」經過一番寒暄後，這位先生開始敘述事情的經過。

「我們夫妻只生了一個兒子，目前就讀研究所。剛念研究所的時候還很順利，可是去年我兒子跟同學相約去登山，回來之後，剛開始還看不出任何奇怪的地方，只是情緒起伏有點大，問他一些問題時，偶爾會不耐煩的回答我們。我跟太太都還可以接受，只以為是課業壓力大所造成，一直都很體諒他。

沒想到的是，這孩子愈變愈奇怪，情緒起伏跟精神狀況也愈來愈嚴重，三個月前還曾經離家出走，一出去就是十天，這十天連一通電話也不打回來，打給他也不接。好不容易等到人回來了，問他這幾天去哪裡，沒想到他竟然失控的用三字經罵我跟他媽媽，甚至作勢要打我們。

雖然事情已到這種地步，但畢竟這輩子只有這個獨生子，再說，知子莫若父，我始終相信他是一個很乖的孩子，所以我跟他媽媽仍然很體諒他，可是他的行為卻愈來愈古怪，情緒也愈來愈暴躁，甚至……甚至開始對我們動粗……」

話說到此，他眼眶開始濕潤，聲音也有點哽咽。喝了一口茶，緩和一下情緒後，這位先生繼續敘述兒子的事情。「就在兩個禮拜前的一個傍晚，我正在上香時，我兒子忽然從我後腦勺一拳揍下去，我一陣暈眩，整個人蹲了下去，他還不肯停手，不停的打我。我跪著邊哭邊求他不要打了，我太太聽到我在哭，趕緊跑上來查看到底發生了什麼事，我兒子一看到我太太，竟然衝過去想打她。我趕緊抓住兒子的腳，叫我太太下樓去，於是她衝下樓，躲在房間把門鎖起來……」

此時，這位先生已經無法控制自己的情緒，開始嚎啕大哭，他太太也跟著哭了起來。然後，夫妻倆忽然下跪，拜託老師救救他們的孩子，表示若再不想想辦法，兒子的人生一定會毀了。

老師趕緊上前拉起這對夫妻，兩人被拉起後，仍然坐在椅子上不斷哭泣，看到這樣的情景，連老師也幾乎要跟著掉下眼淚，連忙出聲安慰他們。

過了一會兒，這位先生繼續說：「過了幾分鐘，我兒子忽然停手，慢慢走回他房間。到了晚上吃飯的時候，我兒子走下樓來，還笑嘻嘻的問他媽媽今天晚上吃些什麼菜。我跟我太太看他彷彿不知道發生什麼事似的，忍不住開口問他說：『你剛剛為什麼要打我？』我兒子竟然回答說：『哪有，我哪有打你？』我太太聽到兒子說自己沒有打我時，忍不住哭了起來。到了隔天傍晚，我開始要點香拜拜時，他又從後面開始打我，打到我趴在地上，哭著求他不要再打了才肯罷手。事後我跟太太商量，認為再這樣下去不行，於是好說歹說的拜託兒子到醫院接受治療，他也終於同意要去看醫生。我們連絡了醫院，但是醫院的人要來之前，我兒子就跑了出去，到現在都還沒回來。我們夫妻現在只能以淚洗面，等著他回來。」

必要時，需請出問題的當事人到場才能查明真相

聽完整件事情之後，老師問這位先生說：「你兒子之前會這樣嗎？還是最近才開始出現這種行為？」

先生回答道：「以前不會這樣，如果要追究時間點的話，是在他登山回來之後才開始的。」

老師一聽完就說：「如果之前沒有發生過這種事，而是在他登山回來之後才開始的，那就真的有點奇怪了。沒關係，你先不用擔心，等一下請神明幫你調查一下，看看到底是什麼原因造成你兒子今天變成這樣。」

老師開始用擲筊的方式問神明，可是神明卻沒有任何指示。大約經過十分鐘，神明終於指示這位先生四件事情：

「第一、你兒子目前還活著，不用太過擔心。

第二、你兒子會變成這樣，的確是『欠點』所導致。

第三、這個『欠點』很複雜，必須要用起乩的方式來說明。

第四、現在已經查到你兒子目前人在哪裡，當務之急是要把人先找回來，人如果不先回來，說什麼都沒有用。

一個禮拜內我們會先把他帶回來，等他回來之後，再請你們想辦法帶他過來，好親自問你兒子我們查到的事情是否屬實，以及如何處理這個欠點，因為這件事只有當事人才知道，你們夫妻不知道。」

等神明做完指示，老師便把指示的結果做個整理，解釋給夫妻倆聽。「神明查到你兒子現在還活著，你不用太過擔心，從今天算起的一個禮拜內，神明會幫忙把你們的兒子牽引回來。你兒子之所以性情大變，是有其他因素（欠點）造成的，而這個因素的來龍去脈，神明選擇用起乩的方式來說明。

至於神明為什麼不用擲筊，而是要靠起乩說明呢？因為這當中涵蓋著一段不為人知的過去，神明要用起乩的方式親自跟你兒子對話，兩相對照之下，就能確定神明所查的事情正不正確。如果所查屬實，才有辦法解決，所以，神明才會要你們在兒子回來後帶他過來一趟。」

夫妻倆聽完神明的指示後，心裡燃起了一絲希望，離去前再一次焚香祈求神明：「神啊，請祢幫幫我們，牽引我的孩子回來吧！」

第四天早上，這位先生打電話給老師，非常緊張的說，他兒子已在昨天半夜回來，現在還在睡覺，等他睡醒之後，會再想辦法帶他過來。從早上通完電話之後，一直等到晚上八點多，這對夫妻終於帶兒子來到宮裡。這位年輕人兩眼無神的走進宮裡，說話的時候還會發抖，更詭異的是他一直在打嗝，從未間斷過。

此時神明已經附身在乩身上，準備指示整件事情的來龍去脈。神明問這位年輕人說：「弟子，你應該不知道這陣子你父母親內心有多痛苦、多煎熬，不過，這些都不是重點，我現在要開始問你一些問題，如果我說的屬實，你就回答是，同樣的，如果我說的不正確，也請直接回答不是。你不用不好意思，因為處理事情要非常嚴謹，才不會耽誤大事。」

這位年輕人答應了，神明便問他道：「你跟同學去登山的時候，前一兩天都還好，可是在第三天的時候，跟同學們起了一些口角。有沒有這回事？」

年輕人很乾脆的說有，接著神明便繼續問他說：「他們笑你是所有同學中最膽小的一個，你感到相當的不高興，也很不服氣，於是提議跟同學打賭比膽量。接下來，你跟同學開始往山裡面走，走了一段路之後，看到山路旁邊有一座墳墓，而你，竟然跳到墳墓上開始跳舞，後來還在旁邊尿尿，離開之前，甚至在墓碑上打了三下。有沒有這回事？」

一聽到神明把事情的經過和盤托出，這位年輕人臉色大變，竟然哭了出來。「有，有這回事。」

令人驚恐的是，在回答有這回事之後，年輕人全身發抖的情形又更加嚴重了，嚴重到

王博士小提醒

跟神明確認問題時的注意事項

神明在幫信徒查明事情的時候，會跟當事人確認以兩相對照——對就說對，不對就說不對，千萬不要擔心會對神明不好意思。唯有嚴謹的對照，才能找出真相，並進一步求得解決的辦法。

必須有人緊緊抓著他，才不會因為抖到失去重心而跌倒。他的父母看到這種情形，害怕得不得了，邊哭邊求神明救救兒子。

神明繼續指示這對父母說：「你們先不用擔心，你們孩子會發生這種情形是因為他做錯事在先，冒犯了那座墳墓的亡靈。神明已經把那位亡靈請來這裡，正在跟它協調當中，等協調有了結果，再做進一步的指示。」

有形、無形的世界，都一樣要尊重

五分鐘後，神明指示，經過祂們跟這位亡靈協調的結果，對方已經答應不再找他們的兒子，接下來要開始處理發抖的情形。

大約半小時左右，在神明與老師的配合之下，這位年輕人發抖的情形逐漸減緩，打嗝的狀況也消失了。看到年輕人的情況漸漸好轉，工作人員立刻讓他坐在椅子上休息，順便倒了一杯茶給他。

事情進入到最後收尾的階段，而年輕人的身體跟精神狀況也已經完全恢復正常，神明最後指示這位年輕人說：「你的事情祂們已經幫你協調好了，對方也答應不再找你。從今往後，你必須要記住這次的教訓，有形的世界跟無形的世界一樣，都是需要被尊重的。不經一事，不長一智，相信經此一劫，你會更加成熟，也會更懂得珍惜現在所擁有的生活。最重要的是，你一定要好好孝順你的父母，在你出事的這段期間，他們身心所受到的煎熬，是你無法想像的，往後你若不盡孝道而忤逆父母，到時候再怎麼求神拜佛都沒有用了。」

神明一說完，母子兩人相擁而泣，一旁的父親還是很不敢相信，頻頻對兒子說：「孩子，你真的回來了嗎？」

夜色漸漸深了，時間已經快接近十二點，一家人在開心離去之前，又再一次謝謝神明幫他們一家所做的一切事情。「從一開始神明協助找孩子回來，幫忙居中協調，到最後的問題解決，真的幸虧有祢們四處奔波，我的家庭才可以又回到最初的完整，很謝謝祢們。」

這件事情過後，這位年輕人恢復正常，重新回到學校去完成學業，他的父母也時常會來找我們聊天。在某次聊天的時候，這位先生很感慨的說：「經歷過我兒子這件事，我才知道這個世界有多大，更知道神明的世界到底是怎麼一回事。」

老師聽完之後，笑著對這位先生說：「其實神明比我們還要辛苦，祂們不僅要調查我們想要問的事情──結果還不容許有錯誤，更要在過程中居中斡旋，接著提出解決方案，最後再評估成效，這些都是我們凡人無法勝任的。」

經過這件事，大家應該能夠了解神明所扮演的角色，以及在這當中，神明到底在幫我們什麼了。

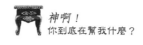

問神不敗圖解案例

狀況：兒子登山回來後開始出現異常，甚至對父母動粗，現今離家後音訊全無

↓ **釐清問題**

因兒子以前不曾這樣，所以擲筊詢問造成兒子改變的原因→問了十多分鐘，神明並沒有針對原因回答

↓

詢問是否有其他指示→神明表示當中問題複雜，將起乩說明，並表示兒子會於一週後回來，屆時要將兒子帶來宮裡

↓

兒子於四天後回來，夫妻於是帶著兒子前來→乩身表示兒子於登山時冒犯了路旁墓碑的亡靈，才會出現異常

↓

兒子承認確有其事→由神明負責出面和亡靈協調，之後再處理身體發抖的問題

問事心法 1

問事時，神明常常會查到連問事人都不知道的詳情，此時便有必要請當事人前來當面對質，不能有嫌麻煩、想自己私下處理的心態

問事心法 2

問事時不可以存有隱瞞的心，若掩蓋了關鍵的片段，將增加問事的困難度

導致失敗的問事地雷

對萬物皆抱持尊重心

對未知的世界寧可信其有，不可信其無，切勿為了一時逞強、好玩，而冒犯了無形的世界，惹禍上身。

例3 我一定要考上研究所

中秋夜晚是家家戶戶忙著烤肉團圓的日子，大人加上小孩的嘻笑聲，讓熱鬧的氣氛增添了些許溫暖的色調。然而，並不是每個人都能有如此好心情，人生不如意時，面對任何佳節恐怕都開心不起來。就在大夥兒烤肉同歡、大快朵頤之時，一位面露憂愁的媽媽帶著退伍三年的兒子走了進來。也許是看到大家正在烤肉，不好意思打斷歡樂的氣氛，母子倆上完香後，只是面無表情地坐在椅子上靜靜等待。看到這個情形，老師立刻上前打了聲招呼，順便了解一下他們今天想問什麼事。

原來，這位婦人是單親媽媽，她哽咽地說：「你們不知道我現在的心裡有多緊張，今天是中秋節，家家戶戶都在開心的烤肉，但我已經連續好幾年無法好好吃上一頓飯和睡個好覺了。我兒子從小就很叛逆，從國中開始就很愛玩，而且很孩子氣，就這樣一直玩到大學畢業。我心裡本來是想，不會念書沒關係，只要規規矩矩做人，安分守己那也就夠了。好不容易熬到平安退伍，也不知道他是不是在軍中變得比較會想了，竟然跟我說他要考研究所。做父母的，孩子說想念書高興都來不及了，哪還有可能不讓他念，所以一口氣就答應了。他每天都很認真念書，不過很遺憾的是，連考了兩次都沒考上，甚至連私立學校也無法上榜。遇到這種情況，為人父母的當然會非常擔心，於是經朋友介紹去一個地方，想替兒子求考運。

原本只是單純的想幫我兒子求考運，但對方告訴我，我兒子的前世是一位戰功彪炳的將軍：『一將功成萬骨枯，就是前世在戰場上殺人太多，才造成今世的智慧受損。如果不化解這些冤親債主，不只是考不上研究所，還會在六個月內暴斃而亡——因為妳兒子後面跟著二十幾條冤魂！』一聽到這種情形，我很緊張的問該如何化解，對方表示，必須燒五萬塊的紙錢給這些冤親債主，化解冤親債主後，不僅可以幫兒子增加智慧，還可以讓他順利考上研究所。」

說到這裡，她忍不住哭了出來，停頓了約莫一分鐘，才擦掉眼淚繼續說：「聽到需要這麼高的費用，我的心瞬間涼了半截，我是個單親媽媽，我們孤兒寡母的，經濟狀況又不是很好，要花五萬塊來處理事情，負擔真的很大……我問對方如果沒有燒紙錢會怎麼樣？有其他方法能化解嗎？得到的答案卻是沒有，對方表示這是唯一的辦法。當時我其實並沒有馬上答應，回到家後卻徹夜難眠，想了一整晚，我這輩子只有這麼一個兒子，如果真的發生什麼不幸，真不知道自己該怎麼活下去。

所以，隔天早上我就跑去向老闆借了五萬塊，當晚便做法事化解。然而，大概一年過後，我兒子第三次研究所考試還是沒考上，整個人也因此變得很沒有自信，成天把自己關在家裡，有時候甚至連續一個禮拜都沒踏出家門一步。

直到前天，有一位朋友買了《神啊！我要怎麼問你問題？》送給我，說我應該會需要這本書，平時我很少在看書，但這本書我卻一看就看到半夜四點多，邊看邊流眼淚，非常有感觸而且受益良多。看完之後，頓時覺得人生好像又重新燃起一絲希望，這本書彷彿在告訴我說：『千萬不要放棄！只要找到根本問題，然後對症下藥，人生其實也是可以變得很美好。』因此，我毅然決然帶兒子過來這裡，想要請你們幫幫我兒子。」

問事第一關：切勿先入為主

聽完這位單親媽媽的敘述，老師依然不是很清楚她想問什麼，於是對她說：「那妳今天想問什麼問題？」

她說：「我想問如何化解我兒子前世在戰場殺死的冤親債主。」

聽完之後，老師一臉嚴肅的表示說：「所以妳目前還是認為，妳兒子的狀況是跟冤親債主有關係囉，是不是？」

這位媽媽一臉不解地問：「有什麼不對嗎？」

「調查案情是神明的工作，不是人的工作。很多人不知道這種觀念，草率的認為所聽聞的就一定是對的。就妳兒子這件事情而言，妳也還沒問過神，就認定是前世冤親債主，但事實真的是這樣嗎？妳我都不敢確定。如果是錯的呢？那這件事情肯定會愈處理愈糟，也會愈來愈複雜。所以，我們現在先請神明詳細查明清楚，在神明還沒

王博士小提醒

存有先入為主的觀念會影響問事的結果

調查案情是神明的工作，不是人的工作，很多人一遇到事情就草率的認定是冤親債主、祖先或風水出問題，這種觀念往往讓事情愈處理愈糟糕。在神明還沒說出答案之前，不要有先入為主的觀念，才能使整件事情水落石出。

說出答案之前，我不能亂說。來問事不要有先入為主的觀念，才能使整件事情水落石出。宗教上要處理事情，不能太草率，只要有一次失誤，後果往往就會不堪設想。所以，我們這裡的問事原則，一定是由神講出問題出在哪裡，而不是由人講出問題出在哪裡。我的建議妳能接受嗎？」

聽完老師的建議，她恍然大悟地說：「聽起來這樣好像比較對，比較謹慎耶！」

神明的邏輯與人不同

「既然妳認同這裡的問事原則，我就開始幫妳問有關妳兒子的問題。他考了三次研究所都沒有考上，那我們就應該問神明說：『連續三次都考不上的原因到底是出在哪裡？』只要原因找到，那就好辦了。」

奇怪的是，經過十多分鐘的擲筊，卻沒有得到任何答案。老師於是再問神明，是不是需要以起乩方式來說明來龍去脈，也許是事件背後有段不為人知的隱情，而這個隱情又無法以擲筊交代清楚。老師請示後，這位媽媽把筊擲下去，馬上就連得三個聖筊，比較奇怪的是，神明特別交代，要她的婆婆——也就是兒子的奶奶也一定要在場。

工作人員遵從神明的指示，隔天馬上把神明起乩所需的一切事物準備就緒。等他們一家人到場後，約莫等了半小時，神明便開始指示說：「信女，妳昨天來問兒子的事情，原本用擲筊就可以告訴妳原因，但我卻選在隔天以起乩的方式處理，是因為事情的背後有一段隱情，而知道這段隱情的人昨天不在現場，就算指示出是什麼原因，你們也不知道，你們不知道，就容易懷疑這個答案的真實性。相反的，如果這位知情人士昨天在場，今天就不需以起乩來處理了。」

聽到這裡，這位媽媽和婆婆的表情都變得既緊張又疑惑，神明繼續說：「我現在要問妳婆婆一些事，因為這些事只有妳婆婆知道。」

一聽到神明要問她事情，老太太馬上走了過去，神明對她說：「老信女，在二十幾年前，當妳的孫子還很小時，妳是不是曾跑去一間廟，求那間廟的神明收妳的孫子當誼子（俗稱乾兒子，女生則稱『誼女』）好讓他平安長大成人。當時妳是用擲筊問那間廟的神明，結果神明以三個聖筊答應收妳的孫子為誼子。有沒有這回事？」

老太太聽到神明問起二十幾年前的事，想了一下後才回答說：「我想起來了，有，確實有這件事。」

神明繼續對老太太說：「整件事情的原因就是出在這件事上。神明雖然答應收妳的孫子為誼子，可是妳知道嗎？妳必須要在孫子年滿十六歲時，向那間廟的神明辦理『弱冠』儀式，也就是成年禮。但是妳忘記辦理成年禮，才會讓妳孫子的智慧一直停留在十六歲。他雖然很努力地想用功念書，但就算徹夜苦讀，理解能力還是有限，領悟力弱，讀書自然無法融會貫通，這就是導致他考試不順利的原因。」

王博士小提醒

弱冠——十六歲的成年禮

請神明收孩子為誼子女，必須要在小孩滿十六歲時，向那間廟的神明辦理「弱冠」，也就是成年禮。若沒有辦理這種儀式，日後孩子的年紀雖然增長，但心理、智慧、想法和個性卻會停留在原地，造成孩子的幼稚跟不成熟。

老太太一聽到事情的原委，忍不住哭了出來，口中不斷地說：「都是我的錯！都是我的錯！都是我的錯！」

神明繼續指示老太太說：「愛孫之心，人皆有之，妳無須自責。很多爺爺奶奶或父母親也是這樣，當孫子或孩子還小時，跑去祈求神明收為誼子或誼女，遺憾的是，大部分的人都不知道當孫子或孩子年滿十六歲時，還要再辦理弱冠成年之禮。如果沒有辦理這種儀式，日子久了之後，雖然孩子的年紀是大了，但心理、智慧、想法和個性，通常都會有些幼稚跟不成熟的狀況。很慶幸的是，妳孫子的年紀還不是很大，只要現在處理好，將來還是大有可為的。所以，妳不需太過擔心。」

老太太馬上接著問神明說：「那我們現在要如何處理？」

神明告訴她道：「我們已經去找臺南那間廟的神明，告知妳孫子的情況，並且也已經協調過了，我現在要交代處理的方法，妳一定要記起來。」

遵從了神明指示的方法，再加上老師的全力協助，總算把這件不為人知的隱情處理完成。隔一個禮拜，這對婆媳再次前來確定，神明在考試方面還有沒有什麼特別的指示，誠如老太太所願，神明交代她孫子四件事：

第一、儀式已經處理好，心靈方面也會慢慢的成長。

第二、一旦心靈有所成長，智慧自然而然也會有所提升。

第三、智慧一旦提升，在學業上的領悟力和理解力自然也會變得比較強。

第四、領悟力以及理解力變強了，明年可以再去報考一次研究所，這次也許很有機會金榜題名。

神明未指示前，不能妄下結論

在神明交代完最後四件事情之後，這對婆媳時常會一起前來宮裡拜拜。過了一年，剛好也是一個中秋夜，這位婆婆帶著媳婦和孫子，眉開眼笑的前來找我們，她非常開心地告訴在場的每個人，孫子考上研究所了，雖然不是頂尖的學校，但至少是他心目中一直想念的學校。最重要的是，在這一年當中，這孩子變得比較穩重，也不像以前那樣，一遇到挫折就把自己封閉起來。

老太太講得正開心時，忽然對老師說：「我聽我媳婦說她第一次來這裡時，你曾經對她說過：『在神明還沒說出答案之前，我不能亂說。』你知道嗎？這句話正是讓我持續來這裡的原因。說真的，我活到這麼大歲數了，人生經驗也算豐富，去過的宮廟不計其數，但很少像你這樣沉默寡言，處理事情也完全以神明的意思為依歸，神的任務跟人的任務你分得很清楚，真的很不容易。」

老師笑著對這位老太太說：「來這裡問事的人，一開始都會很心急，很想趕快把事情處理好，甚至會有先入為主的觀念。會有這些情形，都是因為不了解神明的世界和祂們如何在幫我們。神明調查案情時，一定是從多方角度進行，看到底是哪一種因素造成這個結果；就某種程度來說，神明是在調查我們看不到的問題。

既然是看不到的問題，那在神明還沒查清楚之前，我又怎麼可以憑感覺或直覺亂說？如果說對了，那也就算了，要是說錯了呢？一旦判斷錯誤，便足以毀掉一個人或一個家庭，這是何等嚴重的事。妳媳婦之前說，孩子是因為前世在戰場上殺人，導致冤親債主太多，才會造成智慧受損。我聽了之後也只能告訴她，神明還沒說之前，我們不要先入為主，是或不是，神明自然會交代清楚，而經過神明調查的結果，顯然不是這個答案。

從這件事情就可以知道，人在神明調查前所猜測的答案，跟神明調查後指示出來的答案，誤差有多大。所以，我始終秉持著一個大原則，就算知道是什麼因素造成這個後果，仍然不會貿然講出來，一定要等神明仔細調查後才說出口，這樣才能確保百分之百正確。

除此之外，神明在告訴我們答案和解決方法時，也會體恤我們，不會讓我們負擔太大，會讓我們在能力範圍內完成這件事。這些就是神明在幫我們做的事！」

老太太聽完後，長長地嘆了一口氣說：「若早一點來這裡，我們就不用花那麼多時間跟金錢，也不用承受那麼大的壓力了。我孫子就因為一個弱冠成年儀式未辦理，現在處理好了，一年後竟然改變這麼多。人的命運啊，真的好好玩。」

問神不敗圖解案例

狀況： 兒子用功念書但連續三年考不上研究所，求考運時得告知是冤親債主所致

↓ **釐清問題**

「冤親債主」一說未經神明證實，應從連續三次都考不上的原因問起

↓

擲筊十多分鐘都沒得到任何答案，神明指示要以起乩說明，並且要求奶奶也要到場

↓

神明透過起乩指示，考不上的主因與忘了辦弱冠儀式有關

↓

請示神明如何解決，並於解決後回來請示是否仍有其他交代

問事心法1

調查案情是神明的工作，勿輕信冤親債主的說法，誤導了整個問事的方向

問事心法2

一直得不到聖筊、問事陷入膠著，要換個方向問看看，多方探詢

導致失敗的問事地雷

冤親債主來討債？

案例中的媽媽因為偏聽偏信，認定兒子問題與冤親債主有關，因此多花錢又不見好轉。神明未確認前，勿輕信任何一種說法，以免誤導問事的方向。

例4 老母親走丟，生死未卜

在某一天的下午，一位六十幾歲的先生前來找我問事，對方一走進來，我便注意到他憂心忡忡的，似乎面臨了非常嚴重的問題。詢問之下得知，原來他高齡八十幾歲的老母親在前幾日失蹤，雖然已經報警，自己和家人也到處打探，卻始終都找不到人。

生，兩個聖筊；死，也兩個聖筊

這位先生在無法可想之下，到廟裡詢問老母親的下落，然而，A廟神明說找得到，B廟神明卻說找不到。兩個宮廟的說法完全相反，讓他非常不知所措，不知該相信哪一邊才好？最後，他決定再找第三間廟請示看看，於是來到梓官城隍廟詢問老母親的下落。

不料，請示了城隍爺之後卻得到了這樣的結果：

①老阿嬤仍活著：兩個聖筊。
②老阿嬤已死了：兩個聖筊。

一看到這樣的指示，這位先生完全慌了，更加不知道該怎麼辦。

「先前去的宮廟，一間說我媽媽死了，另一間說還活著，來城隍廟再確認，不管是生是死都是兩個聖筊。這指示究竟有什麼含意？請王老師幫幫我找到媽媽！」

看到這位先生如此慌張，我趕緊出言安慰，不過，面對城隍爺所出的難題，究竟應該怎麼問才對？為求謹慎，我索性將球拋回給城隍爺，請示城隍爺是否賜籤詩說明。果然，城隍爺賜下三張籤詩，還特別指示說，如果有不理解的地方，還需要再擲筊請示；這就表示，當中的某支籤詩會有令人無法理解之處，或者有可能有幾種角度的不同解法，一定要再用擲筊來確認。

城隍爺賜下的三支籤詩如下：

第一支：乙亥籤（歷史記載：良玉春生落難得救）

長江風浪漸漸靜，于今得進可安寧，必有貴人相扶助，凶事脫出見太平。

第二支：戊戌籤（歷史記載：張翼德戰曹操）

漸漸看此月中和，過後須防未得高，改變顏色前途去，凡事必定見重勞。

第三支：甲午籤（歷史記載：李太白歸仙）

風恬浪靜可行舟，恰是中秋月一輪，凡是不須多憂慮，福祿自有慶家門。

至於老母親是生或死，玄機就在第二支籤詩中指示出來的時間點。

於是我向他解釋道：「你今天來問事的日子是農曆十五號前，籤詩中的『月中』指的就是十五號，也就是說，找到你媽媽的時間點，是這個月的十五號過後。若你來問事時已經過了十五號，那就表示下個月的農曆十五號後可望找到人。」

聽到我這麼說，這位先生馬上露出了放心的表情。

以目前的解籤結果來看，要找回老母親的可能性算是滿樂觀的，然而，第三支籤詩中卻透露出不尋常的端倪，於是我向這位先生補充說明道：「不過，還有一件事情要提醒你，根據第三支籤詩的內容，人找回來之後還是要特別注意，農曆十五號過後恐怕會有事情發生，到時候要多加留意你媽媽的狀況。」

我之所以會這麼提醒這位先生，是因為解籤時，不只要留心籤詩的內容，更要懂得和籤詩的歷史記載相互配合，而第三支籤詩的歷史記載為「李太白歸仙」，有「時間快到了」的意思，因此，農曆十五號過後務必要留心。

就在解完籤不久，這位先生突然接到家裡打來的電話，原來老母親已經平安找回，這位先生喜出望外，在向我道過謝之後，便匆匆趕回家關心老母親的情況了。

「李太白歸仙」成真

然而，這樣的歡喜卻維持不久，幾天後，這位先生的媽媽又失蹤了。

這一次，這位先生前往另一間宮廟詢問媽媽的下落。這間宮廟是由神明起乩辦事的，被附身的乩童會手拿一頂小神轎在桌子上寫字，回答信徒的問題。奇怪的是，這間廟裡的神明降駕一向都是寫白字（一般人使用、看得懂的字），這次寫出來的卻全是佛字（一般人看不懂的字），所以現場沒有任何人看得懂，也沒有人能幫忙翻譯。

看到這樣的情形，這間宮廟的廟公認為這樣下去不是辦法，於是詢問乩身可否改寫白字，一問完，乩身便在桌上寫下了一個「王」字。

一看到這個「王」字，這位先生立刻聯想到我，於是急忙問乩童說：「是不是要找王崇禮老師？」然後乩童便寫了個「是」字。

這位先生於是趕緊來找我，在簡短說明始末後，就帶著我前往那家宮廟了解情況。一到宮裡，我發現這位先生的弟弟和妹妹也在現場，這家宮廟的乩身一看到我，便立刻做出七點指示，乩身這次寫的仍舊是佛字，所以由我邊看邊翻譯給在場的眾人聽：

①弟子，麻煩你了。
②這件事情很嚴重，所以要麻煩你來看字。
③梓官城隍爺也有來本廟相助。
④老信女家有欠點，加上日前在山中跌倒，原神失落被外方帶走，導致精神失常、生活陰陽相反。

我詢問這位先生說：「母親回來後一切是否如常，有沒有行為異常之處？」

「媽媽這次回來後人變得怪怪的，不只精神不太好，口裡也常念著一些聽不太懂的碎語，最明顯的是，白天都在睡覺，晚上又爬起來看電視，作息日夜顛倒。」

我一聽，果然跟神明所指示的一模一樣。

神明的慈悲心藏在佛字背後

於是，我請乩身繼續指示剩下的三點：

⑤吾聖駕查明老信女已經死亡。

看到第五點的當下，我心中大感不妙，由於擔心誤解其中的意思，還特地請乩身再寫一次。重寫了一次之後，內容確實和我先前看到的一模一樣：老信女已經死亡。

看到神明指示出這樣的結果，又看到三兄妹一臉的擔憂，總算明白這一次問事時，神明為什麼會讓一向只寫白字的乩身寫下佛字，又特別指明要我幫忙翻譯了。

有時候，當神明調查的事情牽涉到個人隱私、不方便讓在場的其他人知道，又或者事關重大、可能會對當事人造成極大打擊及情緒波動時，便會用佛字寫下來，希望看得懂佛字的問事者能夠私下點醒當事人，或者用較為委婉的口氣表達出來。

有鑑於神明的用心良苦，我臉色凝重、語帶保留的對三兄妹說：「事情的結果恐怕不太理想。」乩身又陸續寫下第六、七個指示：

⑥頭綁繩，口吐舌，腳離地而死。

⑦死亡在尾子死亡處。

看到這兩點指示，老母親的生死似乎已經很明顯了，不過事關重大，現場又只有我一個人看得懂佛字，於是我對乩身說：「這當中爭議很大，我怕我翻得不對，誤判情勢。不然這樣好了，乾脆你寫白字，回一個字就好，這樣大家也才看得懂。」

於是我問說：「老母親是生是死？」

乩身當場寫了一個「死」字。我先前擔憂的事情果然發生了，因為這個結果正好印證了城隍爺籤詩中所暗示的「李太白歸仙」。

來路不明的神像禍及母子

目前最重要的，是要先把老母親給找出來，於是我仔細思索最後的兩點指示，發現關鍵在第七點的「尾子」二字，於是我詢問這位先生說：「家中一共有幾個兄弟姊妹？」

「四個。」

「還有別的弟弟嗎？」

聽到我這麼問，這位先生愣了一下，好像不太願意提起這件事，只含糊的說人已經過世了。看到他的反應，讓我更加猶豫該不該把第七點翻出來，按照第七點的指示，老阿嬤「死亡在尾子死亡處」，就代表么子在外死亡的可能性很大……

我於是試探性的問他說：「是不是生病死的？」

「不是。」

「那不知是否方便透露，你弟弟是如何過世的？」

「自殺，吊死在某片樹林的大樹下。」

說到此，這位先生的妹妹情緒崩潰，跪在地上哭了起來。她傷心的表示，一年前，弟弟因為感情因素想不開而上吊自殺。

到目前為止，這位先生家中的情況跟神明指示的完全相符，於是我將七點指示的內容全數講給他們聽，最後說：「神明說你媽媽的死亡之處在你弟弟上吊自殺的地方，我也不確定真相如何，但既然是神明的指示，你還是親自去確認一下比較保險。」

於是，這位先生按照我的建議，去了他弟弟當初自殺的地方查看，竟然在同一棵樹上發現了上吊身亡的老母親。更離奇的是，老母親整整齊齊的穿著整套喪服，臉上的妝也化得好好的，她身旁甚至還有一張她事先從家中帶出來的小板凳！

那個地方是老母親當初前往認屍、將自己兒子找回來的傷心地，按理說，為避免觸景傷情，她應該不會願意再踏上那個地方才對，怎麼會在同一個地方、用同一個方式結束自己的生命？莫非真如第四點所說，是因為欠點導致了這場悲劇？

這位先生在辦完母親的喪事後，再度回到先前的宮裡，請示母親發生意外的原因。這一次，神明透過乩身寫下的字問他說：「家中是不是有一尊神像，是當初上吊自殺的弟弟從國外帶回來的？」

「沒錯，現在就放在家中的神位。」

神明接著指示了一件令人驚訝的事情。「打開這尊神像，神像裡面放著骨頭。」聽到這樣的指示，在場的眾人都嚇了一跳，不知該怎麼反應。最後，我建議先生說：「你母親還沒對年，不宜處理，先把神像請來廟裡安置，等對年過了再說。」

在老母親對年之後，這位先生按照神明的指示撬開神像，裡面果真有一根骨頭！這位先生的妹妹向我表示，弟弟當初從國外將這尊神像請回家後，就開始諸事不順，不但和老婆離婚，離婚後又遇上詐騙集團，所有的財產被騙光光，才會一時想不開，跑去樹林裡上吊；而他自殺時，也跟老阿嬤一樣，整整齊齊的穿著正式的西裝……

根據我多年來的問事經驗，請神明回家時一定要格外的謹慎，像這位先生的弟弟，只不過是將一尊來路不明的神尊請回家，不但導致自己家破人亡，甚至牽連家中的老母親在同一年中自殺身亡，實在不可不慎。

問神不敗圖解案例

狀況：因家中老母親走失而前來問事
→已報警協尋，自己也努力找人未果，是以請求神明幫忙

↓ 釐清問題

請城隍爺說明「生」、「死」皆為兩個聖筊的原因→城隍爺賜籤詩說明，老母親將於不久後回來，但十五號過後應嚴加留意

> **問事心法1**
> 遇到兩個聖筊時，代表已十分接近答案了，但背後往往有更複雜的原因得問出來，才會得到三個聖筊

↓

老母親再次失蹤，別間宮廟神明降駕要求王老師前來看字→表示老母親已死，死亡地點和么子相同

↓

確認過家中情形與神明指示相同，前去么子死亡處，尋獲母親的屍體

> **問事心法2**
> 當神明給出某個時間點，並指示要特別留心時，切勿應事情已經好轉而放鬆、輕忽

↓

母親喪禮後回來請示問題的根源，表示弟弟帶回的神明中藏有骨頭，便是欠點所在→於對年後打開神像，果然在裡面找到骨頭

> **導致失敗的問事地雷**
> **佛字背後的用意**
> 有時候，神明會用一般人看不懂的佛字指示我們，這便代表當中的案情複雜，或可能涉及隱私，甚至也暗示了事情的嚴重性，應該對此有心理準備。

托夢&解夢流程圖

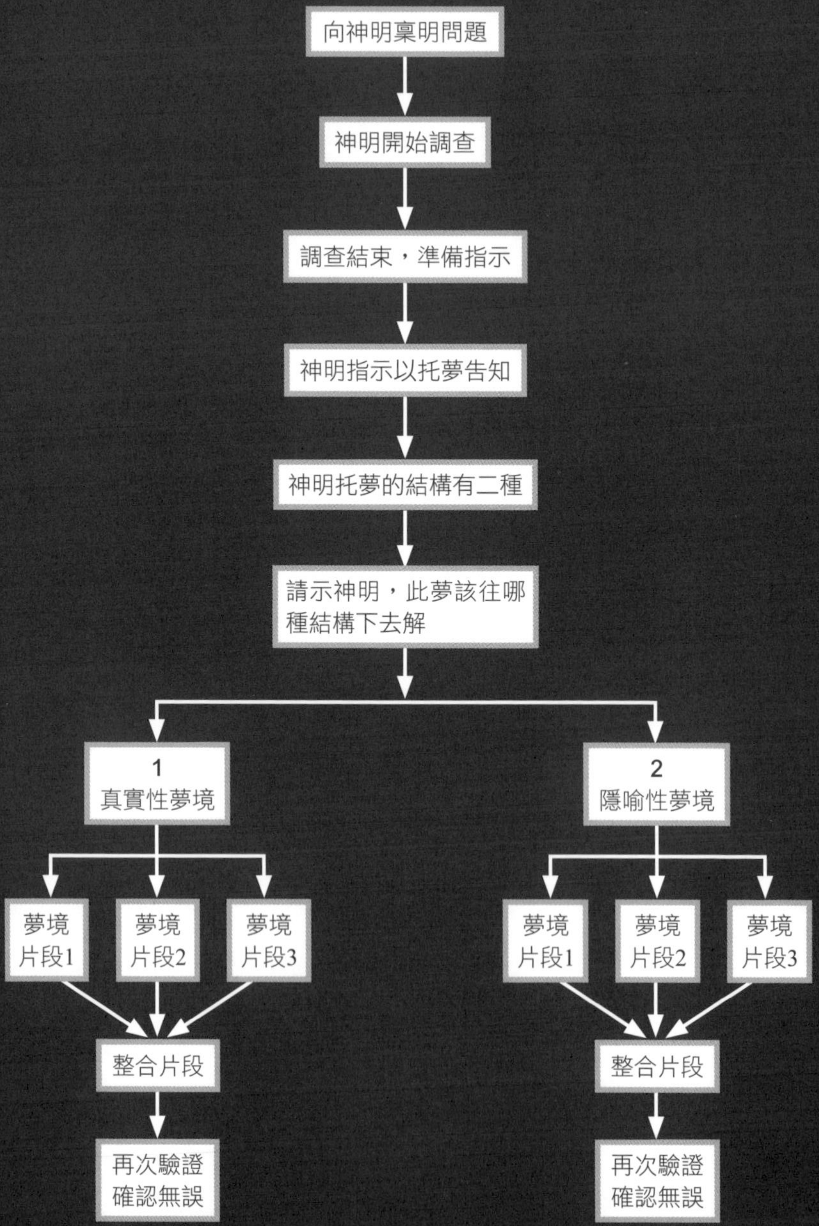
向神明稟明問題
神明開始調查
調查結束，準備指示
神明指示以托夢告知
神明托夢的結構有二種
請示神明，此夢該往哪種結構下去解
1 真實性夢境
2 隱喻性夢境
夢境片段1
夢境片段2
夢境片段3
整合片段
再次驗證確認無誤

托夢使當事人了解隱情

要特別注意是真實性夢境還是隱喻性夢境

神明有時候會用托夢的方式幫我們指點迷津，但為什麼要藉由托夢告訴當事者呢？夢境代表著什麼意義？又分成幾種？本章節就是要告訴讀者這些不為人知的祕辛。

夢境分成兩種，一種是真實性夢境，另一種是隱喻性夢境。當神明托夢給我們時，睡醒之後我們的第一個想法應該是，這個夢到底是真實性夢境，還是隱喻性夢境。如果沒有這種概念，解夢就特別容易解錯；夢境一旦解錯，就會曲解神明要給我們的答案；一旦曲解了神明給的答案，就算神明想幫我們解決問題，其能力也會受到限制。

至於神明為什麼要藉由托夢告訴當事人事情呢？那是因為：

第一、當案情涉及私密，神明會顧慮到當事人的隱私，藉由托夢告訴當事人，就不會在問事的過程中被公開。

第二、很多案情細節只想讓當事人知道，並且教導當事人怎麼做時，神明就會藉由托夢來讓當事人了解整件事情的來龍去脈。

第三、如果某個案情連當事人也不知道（如當事人精神有問題或昏迷不醒），神明就會托夢給主事的人以了解方向，唯有了解方向才能替當事人準確地解決問題，否則很容易造成辨證錯誤。

第四、事情錯綜複雜，已經過了一段時間，甚至連當事人也幾乎忘記了，這導致神明很難在當下立即交代清楚。所以，祂必須要藉著托夢，把過去所發生的事重現，以喚起當事人的記憶。

第五、事情涉及臨時性、緊急性，神明會趕緊托夢給當事人做預先告知。

第六、有些事情涉及到天機，神明只能用托夢的方式告知當事人。

夢境的2種概念

曾經有一位在知名科技大廠上班的信徒，在一次上完香之後，當天晚上立即做了一個夢。隔天下班後他馬上來找我，我問他說：「你夢到什麼？」

這位信徒將他的夢境告訴我說：「有一天我在公司上班，下班前一個小時，老闆告訴我，這裡有兩臺摩托車，你要騎哪一臺？兩臺摩托車分別被放在階梯上，放在高階梯上的是一輛重型機車，放在低階梯上的是一臺五十西西的輕型機車，那臺輕型機車正是我平常騎去上班的交通工具。

我看那臺重型機車很新、很炫，至於平常就在騎的輕型機車，老早就已經騎膩了，感覺很不新鮮，於是就選擇了那臺重型機車，但是因為不太熟悉性能，加上自己也無法支撐那麼重的重量，才騎了一百多公尺左右，我就摔倒了。我努力爬起來，想把這臺重型機車抬起來，卻怎麼樣都抬不起來。我最後再用力試一次，結果反而把手給扭傷了。於是我心裡開始想，既然無法把這臺重型機車抬起來，那乾脆就回去騎我平常騎的那臺機車好了。可是，當我想要牽這臺五十西西的機車時，卻發覺自己的手已經受傷，無法再騎車了。」

以上就是這位信徒的夢境，接下來就要針對同一種夢境進行兩種概念的解夢。

真實性夢境

針對這位信徒的夢，如果單純是以夢的內容來解的話，就是神明在暗示這位信徒，重型機車代表著「重量重、速度快」。神明查到這位信徒在某個日期或時間會有個車禍關，所以特別托夢給這位信徒，騎車要小心，速度要放慢，否則會發生車禍而導致受傷。

隱喻性夢境

以隱喻性夢境來解夢的話，騎車或開車通常代表「事業、前途」，因為我們必須不斷前進，有快有慢，所以必須要朝這位信徒的事業方面下去解夢。

經過擲筊請示後，神明指示這個夢境應該要以「隱喻性夢境」來解，神明是在提醒這位信徒：有兩臺機車，重型機車停在高階梯上，輕型機車停在低階梯上，代表他在公司裡會面臨一個重大的選擇，一個是職務較高、薪水較多的機會，一個則是目前從事已久的職務。神明調查到他有職務調動的機會，但整體評估起來，認為他不適合調到較高的職務；如果調去較高的職務，極有可能出問題，而且還是很嚴重的問題，等到出了問題，才想回去做之前的職務，可能就已經回不去了。

一問之下，果然沒錯，這位信徒的公司打算在三個月後調一位主管到大陸廠，老闆有徵詢過他的意見，雖然他口頭上說會再考慮，但心裡傾向於選擇大陸的職位。神明就是查到這位信徒有這樣的打算，才緊急托夢給他，利用夢境跟他說明不能去的原因與事情的嚴重性。最後這位信徒接受了神明的建議，選擇不去大陸。後來有一次他向我透露，還好當時沒去大陸，因為最近那邊出了很多狀況，甚至還發生人命關天的事件，他很感謝神明事先的提醒。

夢要往哪個方向解非常的重要，所以得非常小心謹慎。也許會有人問，老師，那我要如何知道這個夢要往哪個方向解呢？我的建議是——問神，首先問神明這個夢是真實性夢境還是隱喻性夢境。只要神明說出是哪一種型態的夢，方向就會確定，一旦方向確定之後，接下來就只剩下夢境內容的解析了。各位讀者，到目前為止，應該有學到解夢的基本訣竅了吧！

王博士小提醒

要清楚夢境的分類屬性

夢境分成真實性夢境和隱喻性夢境。遇到神明托夢時，首先要懂得分辨夢境的屬性。如果沒有這種概念，解夢就特別容易解錯，夢境一旦解錯，就會曲解神明要給的答案，屆時就算神明想幫我們解決問題，其能力也會受到限制。

至於要從真實性夢境還是隱喻性夢境來解？先問過神明最保險。

例1 考場失利的背後竟隱藏著蔭屍問題

一個星期六晚上，一位二十幾歲的年輕人走進來，上完香後，他問老師還能否問事？

「可以。你想問什麼事？」

「目前我雖然已經有一份工作，但我的人生規劃是出國念書。所以，這幾年來一直很認真的在準備考試，上個月考試成績出來了，很不幸的，我沒有通過考試。從那時候開始，心情就一直很低落，所以想來問我的考運。」

「你還想再考嗎？」

「是的，我還想要再考。」

「那好，你先上香，我等一下就幫你問。」上完香後等了大約半小時，老師開始幫他詢問考運的問題。經過二十分鐘的擲筊，神明並沒有任何相關指示，但有指明要以籤詩來說明。等抽籤程序完成之後，老師開始幫他解籤詩，這張籤詩是「庚戌」籤：

一重江水一重山，誰知此去路又難；任他解救終不遇，是非終久未得安。

老師一看到這張籤詩，馬上跟他說：「這張籤詩說，不是你的考運不好，也不是你不努力，更不是你不聰明，你沒有通過考試其實有無形的背後因素。」

「這個因素是什麼？」

「如果你想知道是什麼，我再進一步幫你追問。」

年輕人立刻一口答應。

經過差不多十分鐘的擲筊，神明指示三天內會托夢給當事人，他疑惑地問說：「可是我從來不會做夢耶……」

老師笑著跟他說：「你放心，只要是神明想托夢給你，你就一定會夢到，等到你夢到的時候，再過來找我。」於是年輕人一臉不可置信的回去了。

神明賜夢

過了一天，年輕人又回到宮裡，表示自己前晚做了一個夢。於是老師請他把昨晚的夢境完整的敘述一遍，這位年輕人回想說：

「我夢到在清明節時跟家人去掃墓，當大家在祭拜祖先時，墳墓忽然打開，跑出兩隻大黑狗，一直朝著我吠，之後，其中一隻狗竟然跑過來咬住我的腳，另一隻則咬住我的左腳。我們掃完墓就準備回家，奇怪的是，當我開車要離開時，這兩隻狗還一直追在我的車子後面，就算上了高速公路，還是窮追不捨，一路追到我家。

隔天早上我要去考場參加考試時，兩隻狗又出現在我身旁，等到我開始作答，牠們忽然大聲狂吠，吵得我無法專心。我忍無可忍地對牠們說：『別再打擾我了！』此時，一件可怕的事發生了，狗竟然開口對我說：『如果你幫我，我就幫你！』我問這兩隻狗應該怎麼幫牠們，牠們回答說：『南下高雄去找媽祖，祂們會告訴你。』接下來我就醒了。」

老師聽完後問這位年輕人說：「你家祖先有幾門陰宅風水？是土葬還是火葬？」

年輕人回答說：「總共四門，兩門土葬，兩門火葬。」

老師聽完後說：「好，那我知道了。等一下你上香跟神明稟明整個夢境的經過，我再幫你解夢，解完後我還要再問神明解的對不對，才能確保百分之百正確。」

年輕人上完香約二十分鐘後，老師開始幫他請示神明。首先針對夢境提出幾個問題：老師判斷，夢到這兩隻狗很可能是代表祖先方面的事。為什麼呢？因為夢境中的兩隻狗是在清明掃墓時，從打開的墳墓裡跑出來的，夢中出現兩隻狗，則代表兩位祖先。於是請示神明說：「第一、這個夢是不是在指示兩位祖先的事？」年輕人接著把筊擲下去，果然連續得到三個聖筊。

「第二、這兩隻狗一直朝著年輕人吠，是不是在指示這位弟子有兩位祖先的陰宅風水有欠點？」年輕人又連得三個聖筊。

「第三、既然是兩位祖先的陰宅風水出現欠點，那到底是土葬的兩門有欠點，還是火葬的兩門有欠點？」結果土葬的兩門風水連續得到三個聖筊，火葬的兩門風水則沒有任何聖筊。

王博士小提醒

每次的解析都要再三向神明確認

在解析了夢境的含意之後，還要再一次請示神明，好確定分析的對不對，解夢的時候一定要事事請示神明，才不會對情勢造成錯誤解讀。

「第四、如果是土葬有欠點，那是不是在指示土葬的風水出現蔭屍❶？」結果連續得到三個聖筊。

這位年輕人看到整個擲筊的過程和結果，非常吃驚，直呼不可思議，夢中的情景竟然跟問出來的結果幾乎一模一樣！於是老師對年輕人說：「我只能幫你問到這裡而已，因為這牽涉到你家祖墳的問題，必須要由你的父母親或長輩出面。你是晚輩，可能無法作主，如果你父母或長輩想要進一步了解，再帶他們一起過來。」這位年輕人想一想也對，於是決定回去跟父親以及叔伯商量。

過了大概三天，年輕人果然帶著父親和其他長輩一起來了解整件事情的來龍去脈，只是年輕人的叔叔還是不太相信姪子所說的話，老師於是再一次向神明確認，是不是祖先風水出現蔭屍？在眾目睽睽之下，依然連續出現了三個聖筊。看到這個結果，整個家族才開始商量該怎麼處理，並在年輕人的居中協調下達成了共識，決定對祖墳進行重整。不過，為確保此事萬無一失，全家又選了一天來問事，請示神明關於祖墳重整的日期、時間，以及需要特別注意的地方。

雖然透過神明托夢和擲筊驗證，都證明祖墳的的確確是蔭屍，這位年輕人的心裡還是非常緊張，身心都承受著莫大的壓力。畢竟地底下的東西是肉眼看不到的，假如事後證明祖墳並非蔭屍，接下來又該如何面對整個家族的責罵與不諒解？想著想著，這一夜他竟然緊張到幾乎無法睡著。

❶蔭屍是指屍體在埋葬後的一段時間內，該腐化卻沒腐化的狀況。

撿骨師一句話定真假

當日期、時間，以及注意事項大致確定之後，隔天一早正式展開重整祖墳的工程。早上九點半，全家帶領著撿骨師前往年輕人爺爺及奶奶的墳墓，兩位長輩的墳墓只相差兩公尺左右。大夥兒到達墓園，撿骨師一看到爺爺的墓碑時，便斬釘截鐵的說：「這門風水蔭屍。」

年輕人聽到撿骨師的說詞，馬上問說：「那我奶奶這門風水呢？」

「這門風水也蔭屍。」撿骨師想也不想的回答。

一聽到撿骨師確定兩門風水皆蔭屍時，年輕人高興的對撿骨師說：「你確定？你確定？耶……真的是蔭屍啦！」

撿骨師看到年輕人如此反常的行為，很納悶的問他說：「少年ㄟ，恁家的祖先風水出現蔭屍，有這麼高興嗎？」

重整兩門土葬的風水需要花費將近一天的時間，從早上開始直到當天下午五點，整個工程才算大功告成。然而，就在當天晚上，這位年輕人又來找老師，只是他這次來，是為了解開心裡面的一些疑惑。

他問老師說：「老師，我想請教您，神明給我托的那個夢，到底是什麼意思？」

老師笑著回答他說：「你還蠻有心的，還會回來問我你做的夢是什麼意思，難得，難得！」

夢境跟連續劇一樣有片段

老師於是教導這位年輕人：「夢境跟連續劇一樣會有片段，解夢首先要了解這個夢有哪幾個重要片段。在你的夢裡面：

- **第1個片段：**出現兩隻狗，而且又是在『清明節掃墓』時從墳墓裡跑出來，這就代表問題出在祖先，而且是『土葬』的祖先。
- **第2個片段：**這兩隻狗對你一直狂吠，後來又咬著你的褲管，你走到哪裡就跟到哪裡，這表示你有兩位祖先有事（欠點）要你幫忙，而這個忙也只有你能夠完成。
- **第3個片段：**當你在參加考試時，這兩隻狗又吵到你無法專心作答，導致你沒有通過考試。這就是代表你上次沒有通過考試，跟這件事情有關聯。
- **第4個片段：**狗開口對你說：『你幫我，我就幫你。』就代表這件事情如果處理好，祖先承諾將來會在考試時助你一臂之力。
- **第5個片段：**祖先叫你去找媽祖，就代表這個夢是媽祖托夢給你的。這個夢除了讓你知道事情的來龍去脈，還特別交代要找媽祖幫忙。

了解夢裡面的重要片段後，接下來要做的，就是針對夢境的片段仔細思考；神明究竟要透過這幾個片段告訴我什麼？以及要幫我什麼？從夢境中雖然知道有欠點，但沒有講到欠點是什麼，這時候就要靠問事經驗把它問出來，如此才能使整件案情有頭有尾，交代清楚。最後還有一點要注意：夢解完之後別忘了請示神明，看我們解的對不對，這樣才能確保我們所解出來的方向正確無誤。」

聽完解說後，年輕人長長的嘆了一口氣說：「我今天才知道原來解夢還有這麼深的道理跟學問，不僅要會分解夢境的片段，還要會分析，接著再擲筊驗證。驗證出來的結果竟然還跟夢境一模一樣，真是太神奇了！」

聽完夢境解析後，年輕人接著問說：「那我接下來還有哪些地方需要注意嗎？」結果神明只有指示一件事情。「你家主要的事情已經解決了，接下來幾天會再托夢給你。」隔了三天，這位年輕人果然又跑來跟老師說，他昨晚又做了一個夢。

「老師，我昨晚又做了一個夢，我夢到之前那兩隻狗又來找我，但這次並沒有向上次一樣對我狂吠，反而很溫馴的跟在我旁邊，我只要走到哪裡，這兩隻狗就跟到哪裡。後來我走到一座山前，開始從山底下往上爬。爬到半山腰時，看見前面有一條小路，而小路的旁邊就是懸崖。我很害怕，本想要放棄轉頭回家，但我心裡明白，必須要經過這條小路才能到達我想去的地方，最後我還是決定繼續前進。然而，就在我跨出第一步時，一個不小心腳下踩空了！在正要掉到萬丈深淵之際，這兩隻狗忽然衝過來各自咬住我的袖子，把我拉了上來，我才沒有掉下去。後來我爬到山頂，發現山頂

王博士小提醒

掌握夢境的重要片段

夢境跟連續劇一樣會有片段。除了判斷夢境的屬性之外，解夢的另一個關鍵步驟，就是注意夢境中有哪些重要片段。確定了夢境中的重要片段，便要針對這些片段仔細思考，究竟神明要透過這些片段傳達什麼訊息。

是我上次考試的考場。這時候，這兩隻狗馬上衝進教室裡幫我占了一個位子，於是我走進教室，坐在牠們幫我占的位子上開始考試。考完試的隔天，一位郵差送來包裹，我簽收完打開一看，原來是一張『考試通過證明書』，接下來我就醒了。」

說完，這位年輕人就問老師，這個夢有什麼含意？

老師笑著表示，這個夢淺顯易懂，不僅有片段性，還有階段性。片段性就是夢中的「路況」：一開始出現了一座山，接著開始往山上爬，然後經過一連串的驚險才到達山頂。階段性就是指：夢境在處理祖先風水前，跟處理之後的結果完全不一樣。「你只要仔細回想，第一個夢跟現在這個夢有什麼不同，就會一清二楚了。我可以跟你說的是，祖墳風水蔭屍的問題已經處理好，接下來你應該要好好認真準備考試。你還有一段艱辛的路要走，不管路有多艱難、多不好走，都要咬牙堅持走過，你祖先會暗中庇佑你。只要你能撐過去，就能收到郵差送來的『考試通過證明書』。記住，你自己也要努力，不能只靠祖先的庇佑喔！遇到任何疑問，都可以再來找我。」

年輕人用非常誠懇且堅決的聲音說：「謝謝你老師，我明白這個夢的意思了，我一定會加倍努力，用功讀書，我相信再不了多久，那個郵差就會到了。」

天助自助者，上天總會幫助那些想幫助自己、肯向上的人。這件事情結束之後，過了將近九個月的時間，這位年輕人終於通過考試，並且於隔年，在家人、親戚和眾多朋友的祝福之下，順利地展開人生的下一個里程碑——出國留學。有為的年輕人，加油！

問神不敗圖解案例

狀況：年輕人邊工作邊準備出國留學，考試失利後前來請示神明
→若已盡過力仍沒有好結果，可請示神明指點

釐清問題

年輕人還打算再考，擲筊請示考運問題→二十分鐘後，神明並無相關指示，但指明要賜籤詩說明，以及托夢

隔天，年輕人帶著夢境內容回到宮裡，經解夢後顯示問題出在祖墳欠點→擲筊後得到三個聖筊，表示解夢方向沒有錯

問事心法1
神明托夢時，夢境中的每個片段都是重要資訊，請人解析夢境時，一定要盡力回想每一個重要的片段，才能完整拼湊出神意

因事關祖墳問題，年輕人請家中長輩出面作主→此次擲筊仍舊得到三個聖筊，確認為祖墳問題，於是由長輩作主決定處理

問事心法2
遇上家族之中難以抉擇的重大決定時，可透過擲筊去多方驗證，切勿為此起爭執，傷了和氣又無法解決問題

順利解決之後，年輕人回宮請示注意事項，神明表示將再度托夢說明→神明透過托夢交代年輕人要不畏辛苦、認真準備。遵照指示用心準備，果然於隔年順利達成出國留學的夢想

導致失敗的問事地雷
神明處理時耐心等候
神明托夢時，先擲筊確認該從「隱喻性」或「真實性」的方向開始解夢，再用心分析每個片段所要傳達的意思。當然，並不是每一個夢境都是神明托夢，一定要先請示神明該夢境是不是神明所賜。

例2 讓人皮膚癢不停的凶宅

七月分的天氣時好時壞，雖然正在打雷，卻沒降下半滴雨。這個時候已經是晚上十點半，忙碌了一整天，從早上問事到晚上，現在只剩下最後一個人，今天到這裡應該可以告一段落了！正當義工們開始準備要整理環境時，忽然看到一輛車子停在大門口，走下車的是一對夫妻。

一進來，先生便很有禮貌的問時間會不會太晚、還可不可以問事？工作人員跟他表示沒有關係。填寫完單子、上完香後，夫妻倆就坐在椅子上稍作休息。老師這時候正好幫最後一位信徒問完事，便緊接著過來了解他們今天想問什麼。這位丈夫說：「我姓陳，旁邊這位是我太太。今天是來問有關於我太太身體方面的問題。」

「你太太身體怎麼了？」

「最近我太太的皮膚不知怎麼搞的一直癢，只要一發癢，她就會抓到全身破皮流血。我有帶她去看過醫生，但是醫生檢查完也說沒問題，只開了一些藥讓我太太吃。藥吃完後情況是有改善，可是到了隔天下午，她的皮膚就又會開始發癢。這種情形一直持續了好幾個月，先後也看過很多位醫生，連偏方也吃過不少，不瞞您說，甚至連人家說什麼前世因果需要作法化解，我們也都試了，但還是沒什麼成效，問題依然存在，也始終找不出發癢的原因。就在前天晚上，我太太實在是癢到受不了了，她忽然跟我說，再這樣癢下去她會想自殺。不知道是不是緣分，還是我們夫妻倆要轉運了，昨天晚上吃完飯我去書局逛逛，忽然看到《神啊！我要怎麼問你問題？》，我毫不考慮就買回家，一直看到天亮。今天下班之後，我馬上就帶我太太過來找媽祖幫忙，看看她這種情形到底是什麼原因造成的。」

陰症會在陰時發作

聽完陳先生敘述完太太的症狀後，老師只問了一個問題，他說：「你太太的皮膚都是在什麼時間點開始發癢的？」

陳先生回答說：「都是在下午。」

老師聽完點點頭，回答他道：「我了解了，等一下我就幫你問神明，你太太的皮膚發癢到底是什麼原因造成的。」

經過三十分鐘後，老師開始幫他們請示神明。這件事情很詭異，看起來就很不單純，因為問了將近二十分鐘，神明都沒有指示是什麼原因造成他太太皮膚發癢，只交代說三天後才能仔細說明。看到這個指示，老師心裡有了底，便對陳先生說：「神明做這種指示，一定有祂們的原因。時間上允許的話，請你們三天後再過來一次。」

陳先生一口答應，並允諾三天後會再過來。神明為什麼指示三天後才要仔細說明呢？

王博士小提醒

有時不一定能在問事的當場得到指示

有時候，神明會指示事主過幾天再回宮廟問事，神明會做這種指示，通常是因為事情很不單純，需要時間仔細查明清楚。此時，一定要有耐心，一旦神明查清楚後，便會指示用什麼樣的方式讓我們了解事情的始末。

神明做這種指示的原因，一來是這件事情很不單純，要再仔細查明清楚，二來是神明查清楚後會來托夢，讓我們了解整件事情的始末，這樣才能在三天後知道怎麼幫那對夫妻問事，以及如何處理。也就是說，神明會選擇托夢，是視案情的複雜程度來決定的。

陳先生夫妻倆遵守神明的指示，三天後再次來到宮裡請示神明調查的結果。老師首先對他們說：「這三天神明有托夢給我，等一下我會跟你們講我的夢境。不過，你們還記得上一次，我有問你太太皮膚發癢的時間點通常是在什麼時候嗎？你當時回答都是在下午發癢。」

「沒錯，都是在下午開始的。」

「好，我再問你一個問題，你們現在住的房子是全新的，還是二手屋？」

「是二手屋。這跟我太太皮膚發癢有什麼關係嗎？」

「當然有。判斷這是不是一種陰症，就要從你太太皮膚發癢的時機點來界定，如果症狀都固定在下午發作，那就極有可能是陰症。所謂的陰症，就是發癢的原因是受無形因素影響所致，因為中午過後屬於『陰時』②，相對的，如果是在『陽時』③發作，那就有可能不是陰症——發作的時間點是一個重要的判斷依據。」

神明托夢掌握全局

「僅以時間點來判斷還不夠，還要加上神明給的夢境來做最後的確定。」

② 中午十二點到晚上十二點。

③ 晚上十二點到中午十二點。

「等一等，老師，你剛剛為什麼問我住的房子是全新的還是二手的呢？」

「我接下來要講神明給我托夢的過程，等我講完之後，你就可以了解我為什麼會問你這個問題了。這三天我夢到：

在你買這間房子之前，這房子已經歷經三次的買賣，你算是第四任屋主。

首任的屋主是一個三代同堂的家庭，男屋主是一位藥劑師，而太太是一位家庭主婦。夫妻倆育有兩個兒子，分別就讀小三、小四。男屋主高齡八十歲的父母也跟他們同住，因為父母親行動不方便，精神狀況也趨近於老年痴呆，所以照顧年邁雙親的責任全落在屋主的太太身上。久病床前還真的容易無孝子，事情的導火線是這樣的：有一次男屋主的父親尿床，剛好母親也大小便失禁，這樣的情況讓每天疲於照顧公婆的媳婦心生不滿，也愈來愈不願意照顧她高齡的公婆。

日子久了，屋主的太太就跟先生商量說：『老公，這樣下去不行，有沒有什麼辦法能讓爸爸媽媽安詳的往生。這樣對爸媽都好，不然，遲早有一天我一定會瘋掉。』於是，這位媳婦開始在公婆吃的飯菜裡下些許的藥，想謀害公婆。過一陣子之後，屋主年邁的雙親果然往生了，而這對狠心的夫妻也在日後被檢調單位查出來法辦。

後來，這間房子轉手賣了出去，但這對老夫妻的亡魂一直含怨地住在裡面，並沒有因為屋子的轉賣而離開，他們的亡魂至今依然在這間房子裡。

這時候，忽然有三個人跑過來跟我說：『老師，我們三人也曾經是這間房子的屋

王博士小提醒

陰症的判斷

陰症就是受無形因素影響所帶來的症狀，如果症狀都固定在下午發作，便極有可能是陰症，若是在陽時發作，是陰症的機率便不高——發作的時間點是重要的判斷依據。

主，但住得很不平安。搬進來之後不是身體開始不好，就是家人一直出事情，最後在束手無策之下，只好決定把房子以低價賣出去。』

而你們搬進來的前兩個月，全家雖然還算是平安無事，但再過一個月後，你太太每到下午皮膚就會開始發癢，起初癢的程度還可以忍受，看個醫生擦個藥就可以止癢了，但是情況卻愈來愈嚴重，皮膚只要一癢起來，就會抓到破皮流血，就算看遍各大醫院，也檢查不出原因。

以上就是神明給我的夢境，你現在應該知道，我為什麼要問你住的房子是全新屋還是二手屋了吧！」

整理夢境重點片段

聽完老師對夢境的描述，陳先生夫妻倆起了一身的雞皮疙瘩，不約而同地打了一個冷顫，「難道……」

老師說：「目前為止還不能百分之百的確定，等一下我還要再問神明解夢的方向是否正確。你現在先去上香，二十分鐘後我們再向神明請示一次。」

過了二十分鐘，老師對這位陳先生說：「在問神明之前，我們應該先篩選及整理出夢境的重點片段，有了重點片段才能夠聚焦。否則，就算夢得再準確，也無法問出重點來。現在這個夢有幾個重點片段：

- **第1個片段：**這間房子歷經過好幾次的轉賣。
- **第2個片段：**這間房子的首任屋主夫妻，在自己高齡父母的飯菜中下藥，導致高齡父母親往生。
- **第3個片段：**雖然房子轉售了四次，但屋子裡面仍然有一對高齡老夫婦的亡魂。
- **第4個片段：**就是這對老夫婦的亡魂，導致你太太的皮膚固定在下午發癢。」

以上就是整理出來的重點片段，接下來就要針對這些片段再次驗證。結果，在進一步請示神明的結果之下，神明果然以連續三個聖筊指示：房子裡面確實是有一對高齡老夫婦的亡魂存在，致使歷任屋主住進房子後，就開始出現問題。同樣的，陳太太皮膚會發癢，亦是這個原因所造成。

處理亡魂之事要以和為貴

一看到神明以三個聖筊確定夢境的真實性，陳先生馬上說：「哇！好玄啊！夢裡的情形跟擲筊的結果竟然一模一樣，真的不得不相信了。」看到神明已經藉由托夢找出根本問題，陳先生進一步問老師說：「那我接下來該怎麼辦？」

老師對他說：「你先不用急，接下來要怎麼處理，還要再問過神明。」

王博士小提醒

整理好夢境的重點片段，才能問出關鍵點

要解神明的托夢之前，應該先篩選及整理出夢境的重點片段。有了重點片段才能夠聚焦，否則，就算神明給的夢境再準確，也無法問出重點來。

老師接著向神明請示解決的辦法，神明對陳先生做了以下指示：「神明會親自去跟這對高齡老夫婦的亡魂做協調，十二天之後，你再來問協調的結果如何。如果神明在這十二天內協調成功，你太太皮膚發癢的狀況就會漸漸消失。症狀一旦有改善，從另一種角度來講，就是代表所查的結果完全正確。具體來說，也就能判定妳太太的發癢確實是陰症。」

「老師，為什麼還要等十二天呢？這件事情其實不是我跟我太太的錯，我們也是無辜的啊！說穿了只是很倒楣的買到凶宅，請神明把這兩個亡魂趕出去不就好了？」陳先生語帶怨氣的問。

「我知道你內心的感受，既然事情已經發生，也知道是什麼原因造成你太太皮膚發癢，現在你應該放下心理上的種種不平衡，放眼未來，這樣對你、你太太和你全家都會比較好。如果一直想著過去，那只會使自己走不出困境而徘徊在暗夜裡。這樣跟亡魂賭氣對你一家並沒有好處，硬著幹只會使事情更糟，凡事以和為貴，方能長長久久。」老師如此勸慰陳先生。聽完老師的勸導之後，陳先生的心情變得平靜許多，比較能夠接受凡事以和為貴的處理方法。

還來不及等到第十二天，陳先生隔天便興沖沖的跑來跟大家說：「我跟你們說一件事，昨天晚上回去之後我想了一整晚，既然這間房子之前發生這麼大的事，左鄰右舍一定會有所聞，所以我今天早上就去問鄰居，看他們知不知道這件事。

沒料到，在我一問之下，那位鄰居嚇了一大跳，先是愣了好幾秒，接著脫口問我說：『你怎麼會知道？當初你來看房子的時候，就有問過我這間房子的情形，那時候我本來想坦白跟你說的，但是想了一想後就作罷了。我那時候是想，也許福地福人居，也或許福人居福地，搞不好在你住進來之後，一切就都會得到改善，想不到還是出事了……對了，你還沒跟我說，你究竟是怎麼知道這麼清楚的細節呢？』我於是告訴他，是神明說的。」

老師聽完之後笑一笑，對陳先生說：「這就再一次證明了神明所查屬實。」

從症狀後續的變化推論神明處理後的結果

第十二天晚上，陳先生和陳太太果然準時前來宮裡，現階段要問的問題，是請示神明跟亡魂協調的結果。在請示神明之前，老師先關心陳太太皮膚發癢的情況是否好轉？還是更加惡化？

陳太太回答表示，上次回去後的三天還是會癢，但第四天後，皮膚發癢的情形就逐漸消失，至今已經不太會癢了，發癢而抓破的傷口也已經開始結痂。大致上，情況比以前好太多了。

老師看著陳太太手上結痂的傷口，很開心的對他們夫妻說：「你太太皮膚發癢的後

王博士小提醒

觀察症狀的後續變化

在處理陰症的案例時，根據症狀的後續變化可以判斷神明處理後的結果是否成功，陰症如果慢慢消失，就表示是成功的；假若處理、化解或協調失敗，那陰症就會變得更加嚴重。

續情況，可以作為協調結果的依據。根據我的經驗，如果確實是陰症，而神明也答應居中協調，一旦協調成功，陰症就會慢慢消失。相對的，如果協調失敗，表示對方不接受神明的勸化，那陰症就會更加嚴重。所以，從症狀的後續變化，可以推論神明居中協調的結果。」

陳姓夫婦聽完老師的解釋之後，一臉不敢置信的說：「老師，我們夫妻走過那麼多地方、問過那麼多宮廟，還沒有一個地方可以講出這種邏輯推論法則，你確實是深藏不露啊！」

「你太客氣了，我也都是跟神明配合而學習的。」老師很謙虛的回答兩人。

接下來正式進入最後一個階段的請示，經過十分鐘的擲筊，神明指示這件事情確實已跟對方協調成功，對方也欣然接受了神明的勸化；神明甚至安排了一個非常好的歸宿安頓對方，讓對方不至於淪為無主孤魂。最後，神明指示陳太太的皮膚接下來要如何處理，以及如何淨化家中環境。

執行完神明交代的事，陳姓夫婦在兩個禮拜後的某一天，提著一籃水果來上香拜拜，陳太太也主動告訴大家，自從神明處理完後，皮膚發癢的情形就不曾發生過了，真的很感謝神明居中的幫忙。看著這件事情圓滿落幕，陳太太從此不用再受皮膚發癢之苦，大家除了替他們開心之外，也忍不住升起一股對神明的敬佩之心。「神啊，祢的夢境竟是如此的不可思議！」

問神不敗圖解案例

狀況：婦人的皮膚發癢，看過許多醫師都無法找出發癢的原因
→四處求醫未見改善，可尋求神明指引

↓ **釐清問題**

既然四處求醫皆找不出原因，便從發癢的原因問起→問了二十幾分鐘都沒有指示，只交代三天後將會說明

問事心法1
遇上複雜的案情時，不一定能在問事的當場得到指示，因為神明也需要時間調查

↓

遵照神明指示，於三天後前來，老師表示神明有托夢，再加上發癢皆為陰時發作，判斷為陰症的可能性很大

問事心法2
陰症是受無形因素影響而帶來的症狀，若固定在下午發作（陰時），便可能是陰症，但前提是仍須先看過醫生

↓

針對夢境片段請示神明→神明以三聖筊印證，發癢確實為凶宅欠點所起→由神明和屋內亡魂協調，並表示將於十二天內協調成功

↓

十二天後，婦人的發癢大幅好轉，夫妻倆再度前來請示後續交代

導致失敗的問事地雷
神明處理時耐心等候
有時候，問事當場不一定能得到答案或解決問題，因為神明不論調查案情或處理問題，都需要花上一些時間。此時宜耐心等候，勿因此而放棄或心生不滿。

例3 神啊！請救救我奄奄一息的妹妹

「我妹妹就快要死了，拜託你們趕緊救救她吧！」大家正在忙碌的時候，一個急切的聲音讓所有人的動作瞬間停止。

說話的是一位男士，年紀約莫三十幾歲，神情看來十分緊張。他還沒有開口說出事情的經過，眼淚就已經不知不覺地流了下來，站在旁邊的義工趕緊拿張面紙讓他擦眼淚，又端了一杯茶來，平復一下他焦慮的心情。老師見狀，便趁著空檔先過去了解這位先生到底發生了什麼事，只見這位先生口中一直念說：「我妹妹快死了、我妹妹快死了、我該怎麼辦、我該怎麼辦……」

老師對他說：「你先不要緊張，慢慢說，到底發生了什麼事？」

這名男子喝了一口茶後，心情稍微恢復了平靜，他說：「我妹妹是一個研究所的學生，前陣子一直跟我說身體有點不舒服，叫我陪她去看醫生。於是我開車載她去醫院看病，醫生檢查完之後說沒什麼問題，就開了一些藥要我妹妹回家服用，藥吃了之後雖然沒有完全康復，但至少整個人的身體跟意識狀況還算蠻正常的。過了三天，大概是晚上十點多左右，我妹妹從學校的圖書館回來後，一直說她的身體很不舒服，在學校還差點昏倒，幸好有同學送她回家，不然一定會昏倒在路上。

然而，就在大前天晚上，我媽媽煮完晚餐叫我跟妹妹下樓吃飯。吃飯時人還好好的，可是晚餐之後我妹妹就一直狂吐，吐到連膽汁都吐出來，甚至還臉色發黑，她大叫一聲後，便昏了過去。我跟我媽簡直嚇壞了，趕緊叫救護車送妹妹去醫院。到了醫院後，她便直接被送進加護病房，前天下午跟晚上醫院還兩度發出病危通知。我媽一聽到妹妹的病危通知，幾乎精神崩潰，一度昏倒在醫院。我現在六神無主，不知道該怎麼辦，所以我朋友叫我趕緊過來這裡找神明幫忙，請救救我妹妹！」

聽了這位先生敘述完妹妹的狀況，老師向他確認道：「你妹妹之前有沒有發生過類似的情形？」

他回答說：「沒有，不曾發生過這種情形。」

問事要分輕重緩急

老師手邊雖然還有別的案件後續待處理，但在了解這位先生的情形後，便立刻表示這件事情攸關性命，應該優先處理。

這位先生的妹妹會發生這種狀況，背後應該含有很多複雜因素。如果問事者不知道輕重緩急，事情會愈問愈複雜。所以要先切割問題，再把這些問題按照現況一一排列——什麼問題必須要先問，什麼問題不用急著問，以及什麼問題要留到最後問。問事者要會視情況隨時調整問事流程，不能一成不變，照本宣科。

王博士小提醒

問事不能照本宣科

遇到複雜的案件，問事者要懂得分辨輕重緩急，首先要切割問題，再把問題按照緊急程度排列，一定要清楚什麼問題必須先問、什麼問題不急著問、哪些可以排在最後問。問事者須懂得視情況調整問事流程，不能一成不變。

老師對這位先生說：「首先，我會先問神明，你妹妹的身體狀況有沒有立即的危險。如果有的話，再請神明先保住你妹妹的性命；如果沒有的話，神明就會先指示我們這件事情的根本問題是什麼。」

結果神明指示三件事情：

第一、這位先生的妹妹確實有立即性的生命危險。

第二、這位先生的妹妹發生這種情形，背後有一個因素造成。

第三、這個背後因素到底是什麼，一個禮拜內會托夢給老師，如有夢到，便要馬上進行第二階段的問事。

看到這樣的指示，老師馬上解釋說：「既然你妹妹有立即的生命危險，就應該先請神明指示如何化解這個危機，至於背後的原因，等人平安之後再問也不遲——這才是合理的處理程序。」

經過五分鐘的擲筊，老師配合神明的邏輯問事程序，立即指示了幾個方法，先化解他妹妹病危的狀況。等到這位先生完全記住神明交代的方法之後，老師顧慮到他有可能因為一時心急而忽略一些細節，於是再一次慎重的提醒這位先生，交代的方法一定要按步驟進行，如果有什麼問題，不用怕麻煩，一定要再過來詢問。這位先生聽完之後，瞬間熱淚盈眶：「好，我一定會記住的！」

事情已經過了三天，還是沒有他妹妹的消息，是不是代表他妹妹的情況還沒有得到改善？與其自己一個人在這邊擔心，倒不如主動打個電話給對方，親自了解一下情況。在通過電話之後，這位先生表示他妹妹還沒清醒，不過臉頰已經慢慢恢復血色，不像前幾天呈現發黑的狀態。雖然得知這位先生的妹妹還未清醒，但依這些年問事的經驗，相信神明既然已指示出解決的辦法，就一定能幫忙化解。

到了第五天的晚上，仍然沒有這位先生的消息。不過，第七天中午，事情終於有了變化，老師表示，昨天晚上神明已經有托夢給他，於是趕緊聯絡這位先生過來一趟。等這位先生來到宮裡的時候，時間大概已是晚上七點半，這次不只他一個人前來，連他的母親也一起來了。

這位先生的媽媽一到現場，就很驚恐的問老師說：「怎麼辦，我女兒到現在都還沒醒，她會不會一直醒不過來？」

看到這位母親神經這樣緊繃，老師安撫她說：「妳先不用緊張，昨天晚上神明已經托夢給我了。現在我先問妳一個問題，妳女兒是不是長頭髮，嘴邊有一顆痣？」

她媽媽很驚訝的回答道：「沒錯，你怎麼會知道？」

「那就沒錯了。因為我沒見過妳女兒，所以我要先確定夢中那個女孩子是不是妳女兒。現在既然已經確定了，就跟你們講一下神明在夢裡面說了什麼，我昨晚的夢境是這樣的：

我到醫院去探望妳女兒，可是搭電梯上樓到加護病房時，卻不知道哪一位才是妳女兒。忽然，有一位護士走過來，指著躺在第二床病床的女生對我說：『那一位長頭髮、嘴邊有一顆痣的女生就是。』我走到病床邊，在這位昏迷的女孩子耳朵旁說：『妳現在覺得怎麼樣？妳媽媽跟哥哥已經到宮裡請神明來救妳了，所以不要害怕，要堅強。』話一說完，這個女孩子緊閉的雙眼馬上就掉下眼淚，手指也開始有了反應，過了差不多一分鐘，她就忽然醒過來了。這位女孩子一醒過來，就用很微弱的聲音問我說：『老師，我媽媽呢？我哥哥呢？他們一定很擔心對不對？麻煩你叫他們不要擔心，我很快就可以回家了。』」

夢境都還沒說完，這位媽媽已經癱坐在椅子上崩潰大哭，她邊哭邊說：「我女兒就是這麼貼心，都已經是這種情況了，還會顧慮到我跟她哥哥會不會擔心，要是她有什麼不測，我活著也沒有什麼意義了。老師，你夢到我女兒醒過來，可是她到現在都還沒清醒啊！」

老師對她說：「妳先不要激動，我還沒說完整個夢境，說完之後我會再分析給你們聽。」

等這位媽媽心情稍微平靜之後，老師繼續描述他的夢境：

「對我說完那句話後，這位女孩子就繼續躺著休息，而我則坐在病床旁邊的椅子看著她。沒多久，我就在椅子上睡著了，睡到一半，忽然被她的呼救聲吵醒，她大聲呼喊著：『我不要，我不要，老師救我，老師救我！』我睜開眼就看到一男一女抓著她的手，硬要把她拖出去，於是馬上跳起來喝止他們說：『住手，你們在幹什麼？為什麼抓她？』看到我大聲吆喝，他們停下動作，這位女生也馬上掙脫了兩人，躲到我的背後，還一直發抖，我轉過頭安慰她，叫她不要害怕。

於是我問這對男女說：『你們為什麼要抓她？她有什麼地方得罪你們嗎？』

『沒有。』他們這樣回答我。

『既然沒有，那你們就不能帶走她，因為她是神明的信徒！』我從口袋裡拿出一本支票，對這對男女說：『你們要多少錢說出來，我馬上開支票給你們，拿到之後馬上離開，以後不能再來找這位女孩子。』

這對男女拿到支票之後，果真就準備要離開，離開之前我對他們說：『等一下，錢你們已經拿了，可是她的元神你們還沒還給我。』於是這對男女將她的元神還給我，然後就離開了。」

這位媽媽，不是真的要妳開支票啦！

聽完老師的夢境後，這位媽媽的臉色卻變得更加沉重，一副欲言又止的樣子。老師覺得很奇怪，猜不出她的臉色為何如此沉重。就在此時，這位媽媽突然湊到兒子的耳朵旁邊講了些悄悄話，講完之後，這位先生便開口問：「我媽媽是想請問你們，處理這件事情差不多要花多少錢？」

聽到這位先生的問題，老師的心裡更加不解了，「為什麼你會這麼問？」

這位先生回答說：「我媽媽說，夢中不是有要開支票嗎？」

喔，原來是這樣啊！老師聽了之後恍然大悟，於是笑著對這位媽媽解釋說：「我想妳可能誤會了，妳不要想歪了，神明並不是那個意思，也不可能有那個意思啦！至於是什麼含意，我等一下會跟妳說明。」聽到老師這麼說，這位媽媽才露出一點點放心的表情。

老師接著對母子倆說：「接下來我們先解析夢境的含意，分析出來之後還要再一次請示神明，看我分析的對不對。這種事情，一定要事事請示神明，才不會對情勢造成錯誤解讀。所以，首先我們要問這是真實性夢境還是隱喻性夢境。依我的分析，這個夢境同時含有真實性跟隱喻性，為什麼呢？」

真實性夢境片段解析

‧第1個片段

「我從來沒有見過妳女兒，也不知道她長什麼樣子，神明當然也知道我認不出妳女兒的長相。所以，夢境的第一個片段才會出現一位護士，特別告訴我『長頭髮以及嘴邊有一顆痣的女孩子』就是妳女兒，經過我剛才向妳確認，也證實了正是妳女兒的外表特徵。因此，我判斷這個片段就是神明要讓我們知道，這個夢確實是在講有關妳女兒的事情，如果沒有這個特徵的提示，我或許會把夢中的女孩子誤認為其他案件的委託者，而不是妳女兒了。

在彼此不知道對方是誰的情形下，神明會在夢中顯示一個特徵來提示我們——這就是我們找的人，避免指鹿為馬的情形發生。所以，夢裡面的女孩應該是在講妳女兒沒錯。這種做法其實不只會用在妳女兒這種案件上，舉例來說，一些未婚男女已經問出姻緣的時機會在何時出現，但擔心會因為不知道對方的特徵而錯過『對的人』時，神明也會透過夢境提示對象的特徵，讓當事人心裡有個底。」

•第2個片段

「我走到病床邊，在這位昏迷的女孩子耳朵旁說『妳媽媽和哥哥已經請神明來救妳了』後，她激動之下就醒過來了。」

這個夢境是要告訴你們，宮裡的神明確實已介入，也開始處理妳女兒的事情了，並不是隨口答應你們而已。再來，這個片段也透露出一個好消息——妳女兒在激動之下醒過來，這就代表神明會幫妳的忙，讓妳女兒醒過來。」

•第3個片段

「一男一女抓著這個女孩子的手，硬要把她拖出去。

這個情形就有可能是神明所指的背後因素了。也就是說，神明要讓我們知道這一男一女有可能是外方孤魂，妳女兒可能運勢低，加上碰到這一男一女的外方孤魂，才導致今天昏迷不醒的狀況。」

・**第4個片段**

「我問對方說：『她有什麼地方得罪你們嗎？』他們卻說沒有。我於是對他們說：『既然沒有，那你們就不能帶走她，因為她是神明的信徒。』

這個片段代表妳女兒並沒有做錯事，是對方有錯在先，這樣在處理這件事情上，我們就更站得住腳了。

除此之外，這個片段中也有『神明要我們放心』的暗示，因為神明已經出面保護妳女兒，所以對方無法帶走她。」

隱喻性夢境片段解析

・**第5個片段**

「我從口袋裡拿出一本支票，對這對男女說：『你們要多少錢說出來，我馬上開支票給你們，拿到後請馬上離開，以後不能再來找這位女孩子。』

這代表凡事以和為貴，神明已跟對方談好條件，這條件應該是些許的紙錢。」

• 第6個片段

「『錢你們已經拿了，元神你們還沒還給我。』我說完之後，這對男女就把她的元神還給我。

這就表示神明要讓我們知道，妳女兒臉色發黑和昏迷不醒的原因，是因為元神失落在對方手中，神明跟對方談條件的目的，就是為了討回妳女兒的元神。」

問出交涉結果

這對母子聽完老師對夢境的分析之後，只有頻頻點頭，卻不知道接下來該說些什麼才好，於是老師請他們先上香，之後要向神明請示兩個問題。首先，要看這個夢解的對不對，如果問出來的結果跟夢境的內容是一模一樣的話，就代表方向沒有判斷錯誤。再者，如果方向沒有錯，那就要問出神明跟對方談的條件，問出條件之後一定要兌現，否則後果將會不堪設想。

半小時之後，老師正式開始準備請示神明，經過十分鐘的擲筊，得到的指示果然跟夢境一模一樣，當中共有四個重點：

第一、這位女孩子確實是因為運勢低迷而卡到外方孤魂，而這正是整件事情之所以發生的主因。

第二、神明已經跟對方協調好，也已經把女孩的元神要回來。

第三、元神既然已經要回來，條件是必須要燒化些許的紙錢給對方（當時約一百五十塊錢）。

第四、三天內會讓這位女孩子慢慢恢復意識。

以夢來了解神明的恩情

神明指示完之後，這對母子立即執行了神明交代的事。結束之後，這位媽媽還是很忐忑不安的問老師：「接下來我們該怎麼辦？」

「按照夢境裡面的情形來判斷，妳女兒應該是可以逢凶化吉。」老師安慰這位媽媽說。

「真的嗎？」

看到這位媽媽仍然如此感到憂心忡忡，老師立刻決定再一次為她分析整個夢境內容的邏輯。

神明既托夢，就表示已掌握全局

「首先，妳兒子第一次來請示神明的時候，神明並沒有做出任何指示，只有指示妳女兒有立即性的危險，其他的事先不要管，保住性命最要緊。如果性命都保不住了，講再多的話不都是浪費時間？所以，神明選擇先保住妳女兒的命，剩下的事情就留到以後再說。

至於神明為什麼一開始不講清楚呢？因為神明還沒有查清楚整件事情的來龍去脈，所以無法給我們任何指示；就算已經查清楚，在那麼緊急的情況之下要問出來，也一定會花費些許時間，才能夠把前因後果問得一清二楚，很難保證這段時間之內，妳女兒的身體會不會出現什麼危險。因此，為了以防萬一，先護住性命要緊，其餘的事情，神明之後再選擇以托夢的方式來告訴我們。以這個程序來看，我覺得神明真的是用心良苦，祂們的做法是最正確的。

第二點也是最重要的一點，神明已經托夢了，又代表什麼含意呢？這就表示神明已經掌握了全局。神明不會打妄語、信口開河，明明做不到的事，還硬要答應信徒，如果最後失敗了，那要如何對祂的信徒交代，而我們又該怎麼對你們交代呢？依照我們的經驗，如果神明真的無法處理，祂們只會說一句話：『這件事情我已經無能為力了。』所以，一旦神明有托夢，就是暗示著祂們已經在這六天內，把事情的來龍去脈查明清楚，既然已經查明清楚，自然也就擬定了解決之道。這就是神明的世界、神明的邏輯和處事方法。

妳女兒的事情也是一樣，神明從一開始到最後，都按部就班的交代我們怎麼做，不正代表著祂們已經掌握全局了嗎？所以，從這些角度來思考妳女兒的病情，我想應

王博士小提醒

神明絕不會信口開河

神明不會信口開河，答應自己做不到的事，當神明真的無法處理某個案件時，祂們也會直接告訴我們：「這件事情我已經無能為力了。」絕對不會讓我們白白浪費時間或是花冤枉錢。

該很樂觀才是。現在，妳應該可以體會神明有多辛苦了吧？我們只是坐在這裡等待，然後問出結果，神明卻要兵分好幾路來回奔波。這種辛苦，是我們一般人都看不到、也想像不到的。」

聽完老師的解說之後，這位媽媽的心情輕鬆了許多，她說：「過去我確實不知道神明這麼辛苦，現在我終於明白了。不過，『也要神，也要人』，也得要有正確的問事邏輯和問事能力，才能夠真正把神明的意思給傳達出來。」

到了隔天的下午五點多，她的女兒終於清醒了。女兒完全康復出院之後，這位媽媽就時常帶著一對兒女來這裡拜拜，以表對神明的感恩之心。在一次閒聊當中，這位女孩子跟我們提到，在她昏迷的那段期間曾夢到一位女性，身穿白色衣服，手中拿著一塊八卦。這位女性拿了一顆藥丸給她吃，原本她全身都很冰冷，但吃下藥丸之後，整個人開始變得很熱，身體不斷冒汗，最後熱到受不了就醒過來了。在旁邊的媽媽也對我們說，她女兒醒過來的時候確實全身都是汗。

此時，這位女孩子的手忽然往裡面一指，對我們說：「夢中那位女性拿的八卦，好像就是中間那尊媽祖手中的那一塊耶！」

從女孩說話的音量跟肢體語言，可以判斷她的身體已經完全康復，這件事情總算是有個圓滿的結局。猶記得女孩把手往裡面一指時，大家的視線也隨著她的手往裡面看，心裡面剎那間都充滿了感動……

問神不敗圖解案例

狀況：妹妹在吃完晚餐後突然倒地，之後便昏迷不醒，甚至兩度發出病危通知

↓ **釐清問題**

先確認妹妹是否有立即的生命危險，再問出事情的原因→神明指示三件事情，並表明妹妹有立即的生命危險

問事心法 1
遇到攸關性命的案例時，第一要務是請示神明如何化解性命危機，再處理背後的成因

↓

先請示神明如何化解妹妹病危的狀況，並按照指示進行→第七天，神明托夢給老師，並交代案例再次前來

↓

向神明確認為隱喻性夢境或是真實性夢境，據此來解析夢境

↓

請示神明夢境解得對不對，並問出神明交涉的條件是什麼，知道後如實履行

問事心法 2
問出的條件一定要如實兌現，否則後果將不堪設想

導致失敗的問事地雷

神明處理事情的邏輯

有時候，神明沒有在一開始時講清楚，是因為案情很複雜，需要時間調查或處理。而一有指示或托夢，代表神明已經調查清楚，掌控全局，絕不會讓人花大錢、勞師動眾後，才說無能為力。

例4 如果真的愛我，拜託你跟我分手好嗎？

有一位年約三十歲的女孩子，為了與交往快五年的男朋友前來請神明指點迷津。原來這位女孩子愛上的是一位有婦之夫，雖然這幾年中她曾多次向男友提出分手，但對方總是以死要脅，最後也就不了了之。

不可否認的，這位女孩子內心確實深愛著對方，只是這樣的愛只會讓她愈來愈痛苦。在百般迷惘、不知如何是好的情況下，她只好前來求助媽祖。

在了解了這位小姐的情況後，我請神明賜籤詩給這位女孩子。出乎我意料的是，神明雖然答應要賜籤詩，但這籤詩卻不是給這位女孩子，反而指明要給她的男朋友。如果她男朋友想要進一步了解神明的意思，就得請他親自前來，神明會向他一一解釋。此外，神明還特別交代這位女孩子，要等到她男朋友來到現場之後，才會指示抽出來的籤詩該從哪個方向解。

結果，神明賜給男方以下五支籤詩：

第一支：乙巳籤（歷史記載：宋太祖遇呼延贊）

龍虎相隨在深山，君爾何須背後看，不知此去相愛悞，他日與我卻無干。

第二支：壬戌籤（歷史記載：王月英相國寺誤佳期）

第三支：癸酉籤（歷史記載：管仲鮑叔首合）

孤燈寂寂夜沉沉，萬事清吉萬事成，若逢陰中有善果，燒得好香達神明。

第四支：戊子籤（歷史記載：劉文良別妻）

有心作福莫遲疑，求名清吉正當時，此事必能成會合，財寶自然喜相隨。

第五支：籤王

總是前途莫心勞，求神問聖枉是多，但看雞犬日過後，不須作福事如何。

籤頭百事良，添油大吉昌，萬般皆如意，富貴福壽長。

當時我百思不得其解，神明為什麼要特別做出這樣的補充說明，一直到她男朋友來了之後才明白，原來……

隔了大約兩個禮拜，這位女孩子終於說服她男朋友前來，經過擲筊請示解籤方向後，神明正式指示，先前所賜下的五支籤詩，是要從男方太太的身體下去解籤。一聽到這樣的指示，這位先生的心裡十分納悶，「這件事情跟我太太的身體有什麼關係？」

神明慈悲賜籤，提醒把握緣分

我對這位先生說：「我知道你現在心裡面會懷疑，這件事跟你太太的身體有什麼關係？但我可以跟你講，神明之所以偉大，是因為祂們看事情的角度跟我們不一樣。等我解完籤詩後，你就會明白我的意思了。」

第一支籤詩

「神明是要透過第一支籤詩跟你說，你不知道你跟這位女孩子交往，會耽誤到你很多的事情——不管是事業還是家庭。

我甚至可以跟你講白一點，你也許認為你太太不知道你在外面另有交往對象，其實，你太太早就已經知道了，不過她是一個偉大的女性，知道自己的身體有問題，無法給你什麼，所以毅然選擇沉默；只要是對你好的事情，她寧願默默躲起來哭泣，也不願意讓你為難。如果話說到這裡你還聽不進去，將來出了什麼事情，可不要怪神明沒有跟你講。」

我講到這邊時，這位先生的臉色突然黯淡了下來。

第二支籤詩

「神明要對你說，你太太現在的身體就有如一盞孤燈，快要熄滅了，身體狀況不好再加上你做的事情又有損陰德，所以她的身體狀況將會愈來愈不樂觀。」

第三支籤詩

「這支籤詩是要說，你和你太太是一段很好的緣分，你應該好好把握，你太太是真的愛你，所以寧願自己受傷，也不想讓你為難。這就是糟糠之妻，何其偉大。」

第四支籤詩和第五支籤詩

「在農曆十、十一月前，要特別注意你太太的身體狀況，因為這支籤詩的歷史故事是『劉文良別妻』，我只能告訴你，要好好的珍惜你們現有的時間。因為第五支籤詩是籤王，而病人抽到籤王，再加上『別妻』二字……你唯一能做的，就是好好地把握現在，不要造成雙方的遺憾。」

講到這邊，這位先生忽然痛哭出聲，原來，他的太太罹患了血癌，病情已進入末期；好幾年的病痛折磨，再加上化療，太太的身體早已不堪負荷，只能一直臥病在床。

我安慰這位先生說：「如果你真的愛這位女孩子，就讓她走吧！別再耽誤她，讓她去找適合她的另一半。同樣的，如果你真的愛你太太，就應該好好陪她，讓她沒有遺憾地走完人生的最後一段路。」最後，這位先生答應回歸家庭，陪他太太走完人生最後一段路，而這位女孩子也離開這先生和目前居住的地方，尋找自己的幸福。

又過了一陣子，一天，這位先生寫信來，我才得知這位先生的太太已經去世了，去世前還用虛弱的聲音問丈夫：「下輩子你還願意娶我嗎？」

「願意……」說完，他太太抓著他的手，微笑的走了。

看完了這位先生的來信，我的心情也沉痛、悲傷了起來。不過，這同時也讓我更加佩服神明處理事情的方法，神明的邏輯跟凡人不同，不但能面面俱到的處理好涉及當中的每個人，更顧慮到了他們的心情和處境，這輩子能跟隨神明濟世服務，真是何其有幸！

亡妻透過神明傳達心願

就在這位先生的太太出殯後的兩個禮拜，我再次收到他的來信，信裡面寫著：

「親愛的王老師你好，在我太太出殯的前一晚，我做了一個夢，我夢到：

第一個夢境

我太太去找我之前的那個女朋友。我很擔心她們兩個人會起衝突，所以就趕緊追了過去。追過去的時候，我偷偷躲在柱子旁邊觀察，可是聽不到她們講話的內容，只看見我太太流著淚，牽著我先前那個女朋友的手。夢到這裡我就醒過來了。隔天——也就是我太太出殯火化後回家，我的心情很不好，於是喝了一點酒就上床睡覺，睡著之後又馬上做了一個夢。

第二個夢境

我夢到我太太又跑去找我之前的那個女朋友，可是我還是聽不到她們在講些什麼，只看到她們手牽手一起去一個地方。那個地方是一間廟，廟門口寫了一個『一』字。我跟著她們進到廟裡面，看到王老師在幫人問事，問事的人很多，等待的隊伍排得非常長。輪到她們問事的時候，兩個人同時跪了下來，王老師對她們說完一段話之後，我太太就開始擲筊，而且馬上擲出了三個聖筊，她們看到三個聖筊之後，就開心的抱在一起哭。

夢到這裡我就醒過來了。雖然連續夢到兩次我太太跟之前的女朋友，但是我都不以為意，只是想說，是不是我日有所思，才會夢到這樣的夢境。然而，一直到前天晚上，我又做了第三個夢……

第三個夢境

這次我夢到我跟我太太，以及之前的女友一起去找王老師，王老師拿了一張紙給我們，我們就在那張紙上蓋章並且簽名。我發現那張紙的右上角印著五個字：『港口牽陰緣』。夢到這裡我就醒過來了。王老師，我夢了三次有關我太太跟之前的女友，是有什麼意義嗎？我又不懂得怎麼解夢，可以去找你問清楚嗎？謝謝王老師。

林〇〇 敬啟」

於是我回訊息給林先生說：「因為你太太還未對年，不能到天公廟問事（有些宮廟不幫家有往生者但未對年的人問事，有些則可以問，但是否能立刻處理解決，就得看神明指示），而我後天剛好要到嘉義港口宮幫忙處理一些事，如果可以的話，就到那邊找我，我再順便幫你問。」

過了兩天，我到了港口宮時，果然看到這位先生來找我。互相問好過後，我便先問這位先生一個問題：「請問你現在還有跟之前那位女朋友聯絡嗎？」

他回答說：「沒有。」

「好，那我大概知道是怎麼回事了。我先來幫你解夢，解完之後還要再問一下港口宮媽祖，我是否有解對，這樣才保險。」

神明指示以真實性夢境解夢

在擲筊請示神明後，神明表示這個夢境要以「真實性夢境」來解，於是我以此方向將這位先生的夢境分為以下片段，「這個夢大致這樣解：

- **第1個片段：**你太太流著淚，牽著你之前那個女朋友的手，這就表示你太太有什麼事情要拜託你之前的女朋友。

．**第2個片段：**廟門口寫了一個『一』字，這就代表了她們去的宮廟是天公廟；因為只有天公廟會在廟門口上面寫『一』字。你又夢到我在裡面協助問事，問事的人潮很多，隊伍排了很長。而你太太擲出了三個聖筊，就表示天公有答應她什麼事情喔！至於是答應了什麼事，則要問過神明之後才會知道。

．**第3個片段：**重點就在於『港口牽陰緣』這五個字，『港口』指的是港口宮，『牽陰緣』指的是港口宮媽祖幫忙牽陰緣。可是為什麼不是『姻緣』，而是『陰緣』呢？玄機就在這裡了。」

現在我把三個片段整合之後，再問港口宮媽祖我解的對不對。

夢境整合

「是不是這位弟子的亡妻放不下她先生，怕丈夫一個人不會照顧自己跟孩子，所以來祈求港口宮媽祖作主，幫忙再牽一個姻緣給先生，而這個姻緣就是先生之前的女朋友？

另外，這件事情媽祖已經向上蒼稟報過，而上蒼也已經正式准許，所以才會夢到在天公廟出現三個聖筊。

最後三個人都蓋章簽名的片段，所代表的意義就是，他的亡妻希望這位女生能代替自己好好照顧丈夫。也就是說，港口宮媽祖答應牽的『陰』緣，指的就是他亡妻請求媽祖促成這段緣分。」

分析完畢之後，我立刻詢問港口宮媽祖我解的夢境對不對，結果，馬上就擲出了三個聖筊。

一看到三個聖筊，這位先生立刻就哭了，他哭著對我說：「我很對不起我太太，我內心非常後悔，我真的很對不起她！」

我安慰這位先生說：「事情都過去了，你太太並沒有怪你，她要是怪你，就不會幫你求港口宮媽祖再牽一個姻緣給你，而且找的新對象偏偏還是那個曾經傷害過她的女生。這種糟糠元配的肚量，換做是我也未必做得到。」

於是這位先生依照亡妻的心願，再次聯繫了先前的女朋友，而他先前的女友確實也還忘不了他，始終沒有新的交往對象，一直保持著單身。兩個人再次重逢後，又恢復了以往的關係，並且同意在這位先生的太太對年之後，正式登記結婚。

一想到這件事，我到現在都還是覺得十分感傷，因為我看到一位女性亡者對丈夫、對孩子無私無我的愛，就連死了之後，都還在擔心丈夫跟孩子沒有人照顧；而對於過去介入她婚姻、對她造成莫大傷害的第三者，她不僅不計較，甚至還大度的主動牽線，促成她和自己的丈夫在一起！

這種無私的愛是何其的偉大，真讓我自嘆不如！

問神不敗圖解案例

狀況：想結束交往五年的婚外情，卻總是不了了之，因此尋求神明指引

↓ **釐清問題**

因目前情況已不是「分」或「不分」的問題，於是請示神明是否賜籤詩説明→神明表示要賜籤詩説明，但特別交代籤詩是要給男方的，並要求待男方到場才要指示解籤方向

> **問事心法1**
> 有時候，神明會要求問事者以外的人前來現場，這是因為神明調查出連問事者都不知道的事情，需要關係人到場，方能確認真假

↓

神明透過籤詩表示元配早就知曉這段婚外情，況且元配的身體不樂觀，應盡早分手，回歸家庭→原配確實已到了癌末

↓

先生遵照神明指示分手，在太太過世後因夢到有關女友和太太的夢而前來問事→解析夢境顯示太太放心不下丈夫無人照顧，希望媽祖牽線促成先生和之前的女友的姻緣

↓

擲筊確認後，解夢的方向確實沒錯，先生和前女友取得聯繫後發現對方仍然單身，於是在原配對年後登記結婚

> **問事心法2**
> 夢境解析後，要記得擲筊確認是否正確，以及後續的注意事項

> **導致失敗的問事地雷**
> **神明看事情的宏觀角度**
> 人在下判斷時，憑的經常是自己的情緒、經驗，而神明能調查出人們看不到的時運、未來，讓整件事情、以及當中的每個人都得到最圓滿的安排。

解籤奧妙流程圖

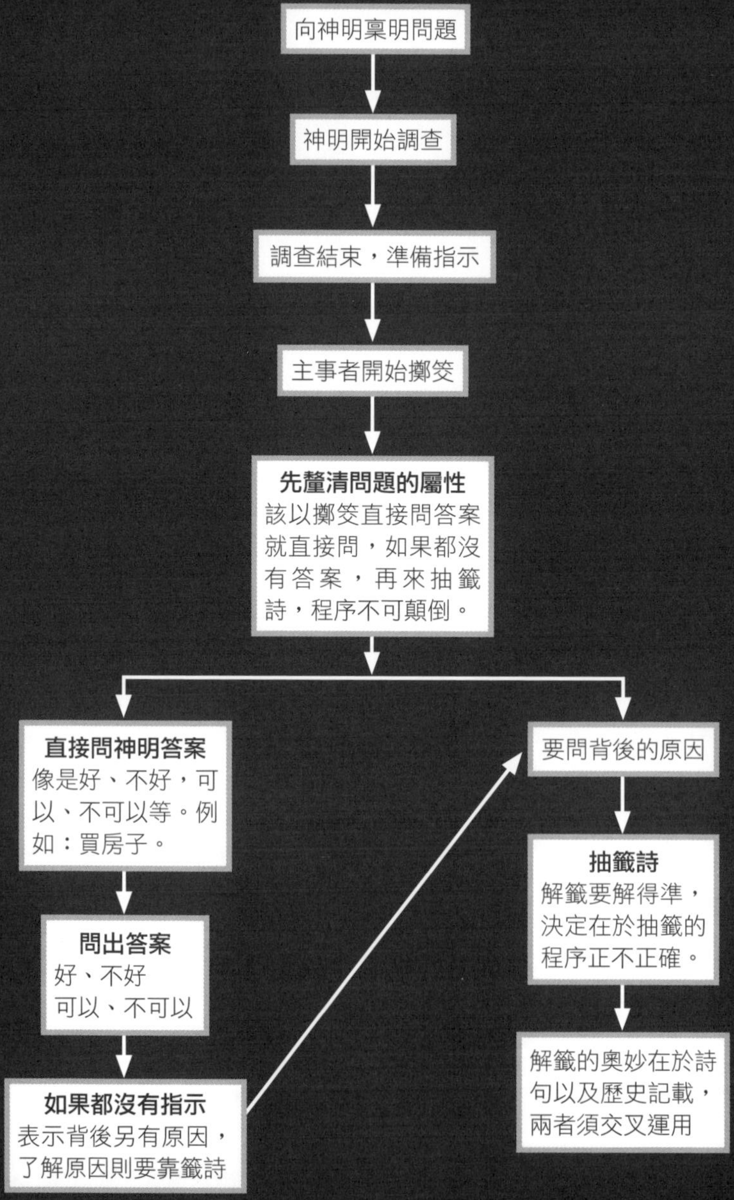
向神明稟明問題
神明開始調查
調查結束，準備指示
主事者開始擲筊
先釐清問題的屬性
該以擲筊直接問答案就直接問，如果都沒有答案，再來抽籤詩，程序不可顛倒。
直接問神明答案
像是好、不好，可以、不可以等。例如：買房子。
問出答案
好、不好
可以、不可以
如果都沒有指示
表示背後另有原因，了解原因則要靠籤詩
要問背後的原因
抽籤詩
解籤要解得準，決定在於抽籤的程序正不正確。
解籤的奧妙在於詩句以及歷史記載，兩者須交叉運用

籤詩絕不能想抽就抽

擲筊陷入膠著或原因不明時才會用到的工具

有事情想請示神明前，要優先思考的是：這個問題到底該不該問神？等確定這問題該問神明，再來思考問題應該要「怎麼問」。同理，抽籤詩前應該先問神明是否賜籤詩，絕不能想抽就抽，等神明指示要賜籤詩，再來按程序抽，否則得到的答案可能是錯的。

抽籤詩的敲門磚

一般宮廟裡面就已經有提供筊讓前來問事的人請示神明。以邏輯思考的角度來看，既然問事者單憑擲筊就可以問出答案了，為什麼還要提供籤詩呢？如此說來，廟裡的籤詩不是很多餘嗎？

自從廟裡面有「筊」跟「籤詩」以來，不知道大家有沒有想過這些問題，筊跟籤詩是兩種重要的問事工具，而它們之間的關聯為何？什麼問題該以擲筊請示？什麼時候又該以籤詩解答呢？如果今天沒有幫各位解開這一連串的問題，可能會導致大家在問事的過程中，疑點、矛盾重重，甚至問到最後，連自己都不曉得自己在問些什麼。

想要精進自己的問事能力，讓問出來的答案更加準確，有三個重點要注意：

①要先了解籤詩的意義。
②要了解問題的屬性是以擲筊請示就可以，還是要以抽籤詩來解答。
③最後才要學解籤詩（詳見《神明所教的解籤訣竅》）。

「學習」要有順序，要循序漸進，千萬不能囫圇吞棗，更不能缺少獨立思考的能力。倘若問事的程序顛倒，想法本末倒置，問題的屬性又弄錯，那麼就算很會解籤詩，也很容易出差錯。希望讀完這個章節，能夠迅速幫大家提升問事的邏輯思考能力。

例1 算了，這個婚我不結了！

六月中旬的一個禮拜六晚上，天氣正炎熱，一對男女面無表情的走進來。兩人一進來就先問義工是否還可以問事，填寫完單子、上完香後，他們便坐在椅子上等待。等待的過程當中，還可以看到兩人偶有爭執，女方不停的擦拭眼淚，男方則頻頻搖頭，於是，我上前跟他們詢問今天前來問事的目的。

初步了解後，才知道他們已交往了五年，因為感情穩定加上已屆適婚年齡，最近正在籌備結婚的相關事宜，但兩人因為對一些事的看法有分歧，造成誰也不讓誰、鬧得不可開交的局面。儘管已大致明白他們來的原因，我還是必須深入了解事情的來龍去脈，才能準確幫這對情侶問事，於是我問這位先生導致雙方產生嚴重爭執的起火點是什麼？

這位先生對我說：「王老師，我跟我女朋友已經交往五年了，感情一直很穩定。前一陣子我對她說：『我們在一起五年了，年紀也老大不小，再這樣拖下去，等將來計畫要生孩子的時候，我們可能都老了，是不是也該考慮結婚的事了？』女朋友聽到我的表白，當然很高興的答應了。我目前住的是公司的宿舍，結婚後當然不適合住在那裡，女朋友的父母親因此建議我們結婚前先買房子，我想想也對，既然要結婚，總不能讓自己的太太還跟著我住宿舍。

這些日子我們一直都在找房子，但是你也知道，找房子沒有那麼容易，要慢慢的找，仔細的看，才可以找到理想中的住家。最後，我們找到四間比較滿意的房子，但一時之間也不知道買哪一間好，更何況這個決定還牽涉到很大一筆錢，一想到這點，整個人的決策力跟判斷力忽然就變得很差。為了以防萬一，我女朋友就提議一起去問問神明，其實家裡的長輩偶爾也會去問神，所以我並不排斥尋求這種途徑解決難題，當下便同意了她的提議。

可是，我跟我女朋友都不知道要怎麼問神明這方面的事，所以問了很久也問不出個所以然。那個時候我們兩個已經問到晚上九點多，於是決定改天再來問。只是，不只女朋友的爸爸一直關心房子的事，連房仲業務也一直打電話來，說還有其他客戶對這四間房子感興趣，催我們趕緊做出決定。我一時也不知道要怎麼辦，女朋友就建議我再去問神明一次，於是，我們又再次到廟裡求助神明。

很奇怪的是，一到廟裡我女朋友馬上就告訴我說：『這次我們來抽籤詩。』我很好奇的問：『妳怎麼會想到要抽籤詩？』我女朋友表示，她這幾天剛好看了一本籤書，書裡面提到買房子可以抽籤詩。

『可是有四間房子耶，要怎麼抽？』我不解地問。沒想到她竟然回答我說：『就每間房子都抽啊！』講完之後，她就真的開始動手抽籤詩，而且還一連抽了八支籤詩。我一頭霧水，問她為什麼要抽八支籤詩，她告訴我每間房子都要抽兩支籤詩，這樣叫做有頭有尾。我無法理解我女朋友到底在幹什麼，更不知道她這樣做究竟對不對，只好先照她的方法做……

抽完籤詩後，我們兩人仔細看了這八支籤詩，我女朋友告訴我說：『好像是第一間房子比較好耶……第三間好像也不錯！』這時候我終於受不了了，非常生氣的大聲罵她說：『什麼叫做好像？八、九百萬的房子妳竟然說好像，意思就是說妳根本無法確定囉？是不是？』我女朋友支支吾吾的說不出話來，最後還跟我說，哪間房子好像先好後不好、哪間房子又好像先不好而後好之類的。又是『好像』！講來講去，到最後根本無法有一個確定的答案。

就是因為買房子的事情，讓我們開始有一些口角，加上房仲業務三天兩頭就催我們趕緊做出決定，兩個人的爭吵也愈來愈多、愈來愈嚴重，吵到最後，我就對我女朋友說：『算了，這個婚我不結了！』」

講到這裡，這位先生的女朋友已經在旁邊默默掉淚了。他繼續說：「買房子這件事情就一直這樣拖著，我跟我女朋友現在也幾乎很少說話，結婚的事就更不用談了。直到前天，一個曾經來找王老師問過事的朋友，很認同老師的問事方法，所以建議我來高雄找你。於是，我便邀我女朋友一起來問事。」

先了解籤詩的意義

聽完整個過程後，我輕輕嘆了一口氣，對這位先生說：「其實你女朋友當時也是一片好意，長遠看來，更是為了你們的未來著想，才會去找書來看，並建議你抽籤詩。總歸一句，就是因為在乎你們的婚姻，才會在乎買房子這件事，也才會那麼努力的去找資料。從這個角度來看，你實在不應該說出那句話。」

聽我這麼一說，他看了他女朋友一眼，接著問：「王老師，那接下來該怎麼辦？」

「你是問我結婚的事怎麼辦？還是買房子的事怎麼辦？」我不解的問他。

他想了一下說：「都有。」

「既然都有，」我告訴這位先生，「這件事情的起因是你們要買房子，而買房子是為了結婚。所以，如果希望我幫忙處理，首先你們倆應該要先和好。假使你們不打算步入紅毯，那問房子的事就沒有意義了，不是嗎？更何況，你們又不是為了多大的仇恨與衝突吵架，只不過是因為對問神缺乏經驗，造成意見不同而已，這並不是大問題，兩人的冷戰應該可以結束了吧？你們覺得呢？」

這對情侶聽完我的解釋，彼此互看一眼，終於露出一絲絲笑容，我馬上接著說：「如果你們沒問題了，那我就要開始處理房子的事囉？」

「王老師，那就拜託你了。」女方終於開心的開口了。

「以我的分析和觀察，你們今天會發生這種事，追根究底是因為不了解籤詩的意義。我先問你們一個問題，一般宮廟裡不就已經提供筊讓人請示神明了嗎？既然透過筊就可以問出答案，旁邊為什麼還要提供籤詩呢？難道不顯得多餘嗎？你們有沒有想過這個問題？」

這位先生很訝異的說：「對耶，我怎麼從來沒有想過這個問題？」

「不只是你們沒想過，」我笑了笑，繼續跟他們解釋，「大部分的人都沒想過這個問題。當神明有很多話要對我們說，而透過擲筊沒有辦法很透澈的回答我們時，才會選擇利用籤詩來補充說明。也就是說，籤詩是當我們用擲筊的方式問不出答案時，才會使用到的方法。這個道理看似簡單，但你們可以從這個道理看出其中更深一層的意義嗎？」

這對情侶搖搖頭，我繼續對他們說：「以買房子這件事來說好了，更深入的探討就是，你們原本可以單純用擲筊的方式問神明『四間房子中，哪一間房子可以買』就好了，如果神明沒有對這四間房子做任何指示，就可能是想利用籤詩跟你們補充說明。但是，你們一開始就捨近求遠，不選擇單純直接的擲筊，而選擇抽籤詩這種間接又複雜的方式來求答案——說白一點，這件事情的性質本來不需要用到籤詩，而你們卻選擇抽籤詩，結果反而會造成混淆，導致你不知從何下判斷，嚴重一點，甚至極有可能把整件事情弄得更複雜、更加不可收拾。」

分清楚該擲筊問答案，還是抽籤詩求解答

聽完我的解說，女方才恍然大悟說：「原來請示神明還包含這麼多程序上的邏輯觀念。我一剛開始都不懂，只會拚命抽籤詩，結果真的像王老師說的，造成答案模稜兩可的情況，如此一來，思緒反而更混亂、更無法準確下判斷，我們兩個還差點因為這樣而分手。我今天總算懂了，問出來的答案準不準確，關鍵在於一開始對問題屬性的

王博士小提醒

用筊就可以問事了，為何還需要籤詩？

當神明有很多話要說，而擲筊又沒有辦法將問題回答透澈時，便會選擇以籤詩來補充說明。也就是說，籤詩是當擲筊問不出答案時，才會用到的方法。

了解與判斷。否則不只會讓問出來的答案模稜兩可，還會讓原本的問題再導入另一個複雜的狀況中。」

我笑著對兩人說：「你們別客氣，以後若有不了解的地方，都可以隨時提出來，只要我懂的，都很樂意為你們解答。接下來應該要處理你們買房子的事了！不然後面還有很多人排隊等著問事。現在就上香跟神明說明你們的來意，並告知這四間房子的地址，請神明幫忙詳細查明，指示哪一間房子比較好，半小時後我再幫你們問。」

過了約四十分鐘，我先用擲筊的方式問神明，四間房子中，哪間比較適合這對情侶。奇怪的是，等了十分鐘，沒有任何一間房子得到三個聖筊。於是我換一個角度請示神明說：「是不是這四間房子都不適合買？」同樣的，神明依然沒有任何指示。

這位先生看到這種情形，馬上問我說：「神明怎麼都沒有指示？」

我回答道：「買房子這種事，可以直接利用擲筊請神明指示『好』或『不好』，如果神明沒有做出任何指示，就代表祂要告訴我們的，不是單純的『好』與『不好』，而是『好』與『不好』之外的答案。既然是這樣，請記住，此時要得到答案的方法，就是『籤詩』，表示神明有很多話要跟我們說，而籤詩正是擲筊無法說清楚時的補充工具。」

果不其然，經過再次請示神明，神明確實有其他答案想透過籤詩來跟這對情侶補充說明。經過十分鐘的抽籤程序，神明賜給這對情侶三支籤詩：

王博士小提醒

切勿捨近求遠，往往擲筊就很夠用了

明明可以透過擲筊解決卻貿然選擇抽籤詩，往往會造成判斷上的混淆，把事情弄得更複雜、更加不可收拾。問事時先以擲筊為佳，得不到指示時再考慮其他方案。

第一支：丙辰籤（歷史記載：梁浩公中狀元）

八十原來是太公，看看晚景遇文王；目下緊事休相問，勸君且守待運通。

第二支：乙亥籤（歷史記載：良玉春生落難得救）

長江風浪漸漸靜，于今得進可安寧；必有貴人相扶助，凶事脱出見太平。

第三支：己未籤（歷史記載：朱壽昌棄官迎恩亭內尋母）

危險高山行過盡，莫嫌此路有重重；若見蘭桂漸漸發，去蛇反轉變成龍。

我仔細看了一下三支籤詩，嘆了一口氣後說：「難怪我們剛剛問『好』與『不好』都沒有答案，原來神明確實有其他答案，神明的智慧果然是我們無法想像的。」

於是我開始解說三張籤詩的含意，讓他們明白神明要說些什麼。我對這位先生說：

第一支籤詩

「神明是要講你目前的運勢。凡事都有時間性，運勢也是如此，你今天來是為了詢問買房子的事，按照神明調查的結果，由於你目前的運勢比較低迷，如果現在就馬上決定買或不買，那做出來的任何決定都極有可能出差錯。所以，神明建議你，這件事情暫時先不用急，稍做忍耐，等待你運勢開始轉強的時候再來決定，這樣才能夠把風險降到最低。」

第二支籤詩

「神明要跟你說，人如果在運勢低的時候躁進，就如同船在驚濤駭浪中行駛一樣危險。聰明人要能屈能伸，既然知道自己目前運勢較低，就應該靜下心來等待，所謂識時務者為俊傑，等到這波驚濤駭浪風平浪靜時，就是你運勢開始轉強的時候，這樣就可以著手進行買房子的事情了。再者，到了那個時候，將會有貴人出現幫你一把，如此一來，這件事雖然看似凶險，最後終將會有太平圓滿的結局。」

第三支籤詩

「神明要跟你說，人運勢低時要處處小心，行事應保守謹慎，雖然這段期間會走得比較辛苦，但終究會過去，沒有一個人的運勢永遠是低的。不過，既然對你透露了目前的運勢不佳，神明就有義務告訴你何時會轉運，農曆八月時，你的運勢就會開始轉強，現在是六月，還剩兩個月，忍一下就過去了。人生本如此，勿怨天尤人，要堅忍不拔，只要再過兩個月，一切都會有不一樣的契機、不一樣的發展。」

這位先生聽完我解籤詩的內容後說：「原來剛開始神明不做任何指示，是因為顧慮到我目前運勢低，怕我一失足成千古恨，總歸一句話，都是為了我著想，對嗎？」

「是的，沒錯。」我回答這位先生，「不只是這樣，我們再把第二支跟第三支籤詩合起來解讀，裡面有提到，當你運勢轉強的時候，會有貴人相助，因此，你買房子

王博士小提醒

識時務者為俊傑

運勢是有時間性的，在運勢低的時候躁進，就如同船在驚濤駭浪中行駛一樣危險，既然知道自己目前處於低運勢的狀態，就應該靜下心來等待好時機，衝動行事只會造成更大的損失。

這件事，在未來應該會有一個意想不到的契機出現。人雖然看不出未來的變化，但是神明可以查得到，所以，現階段先別急著做決定，兩個月後再來打算，搞不好到那個時候，你會找到比這幾間更好的房子。總而言之，現在就先暫時不要買房子，就算要買，也要等到八月以後再買，如果八月以後你們有找到喜歡的房子，就像這次一樣把地址帶過來，我再幫你問。買房子的事一定不能急，這麼一大筆錢如果出事的話，後果可是很麻煩的！」

這位先生聽完之後，就對他女朋友說：「既然這樣，那我們就再等兩個月好了。」於是，這對情侶接受了神明的建議，將買房子的事延到八月以後再做打算。

兩個月後，也就是中秋節過後的禮拜六晚上，這對情侶再次前來。過了中秋後，他們又找了三間房子，想知道這次是否可以請示神明關於房子的事宜。

「可以了，」我回答這位先生，「你就像上次一樣上香，先跟神明稟明每間房子的地址，等一下我再幫你問。」這位先生上完香之後，我跟他們稍微聊了一下。

「王老師你知道嗎？我現在才知道為什麼神明要交代，八月後再開始著手買房子。既然神明交代我稍安勿躁，我也就放棄了上次那四間房子，後來再拜訪那位房仲業務時，他告訴我四間房子已經賣出去了，但事情就是這麼巧，就在我跟房仲業務聊完、轉身要走的時候，剛好看到我一位表哥在那裡。

我非常驚訝的問他說：『你在這上班啊？』

我表哥回答道：『對啊！怎樣，你要買房子喔？』

『是啊，可是還沒找到喜歡的……』我帶點哀怨的口氣回答他。

當天晚上，我表哥就打電話給我，跟我說他那裡有幾間不錯的房子，問我要不要去看一下。

我一聽，馬上撥電話給我女朋友，邀她隔天一起去看那五間房子，看過之後，只剩下三間我們比較滿意的，所以今天來請示神明，看看哪一間比較適合我們買。當時我心裡就在想，我表哥會不會就是神明所說的貴人。」

我聽完之後，笑了一笑說：「等一下神明如果有明確的指示，那就表示你表哥真的是你的貴人了。」

過了半小時，我開始問哪一間房子比較適合，經過三分鐘的擲筊，神明果然做出指示，表示位於汐止的那一間房子最適合購買。

得到神明指示的那一刻，這對情侶顯得非常興奮，女方更是開心地表示，那正是他們最喜歡的一間，一來地點好，二來有表哥幫忙殺價，非常物超所值！

「哇，聽神明的話果然沒錯，真的遇到貴人了！解決我跟我男朋友人生最大的難題之一。好，那我們就準備買這一間！」

這位先生迫不及待地撥了電話給他表哥，告訴他已經確定要買哪一間房子，請他幫忙處理接下來的手續。

籤詩大部分是要講事情背後的原因

房子的事已經有了結果，這對情侶也終於放下心中的大石頭，男方還這樣對我說：「王老師，經過這次的經驗，我才知道問神的的確確需要有邏輯。上次神明說我的運勢會在八月開始轉強，現在八月下旬我再來請示，果然指示了我結果，而且還真的出現貴人幫忙，讓我不得不信。」

我笑著對他說：「神明幫我們調查事情絕不會是片面性的，祂們會做出總評估，最後再給予我們最好的建議，這就是神明在幫忙我們做的事。同樣的，我們也要會問神明問題，才能問出最準確的答案。至於要如何問出最準確的答案，分清楚問題的屬性是第一個要素，為什麼呢？就拿買房子這件事來說好了，一開始只要透過擲筊問神明哪一間房子可以買就行了，但你們卻跳過這個步驟，直接去抽籤詩。第一步驟就用錯方法，難怪籤詩抽出來之後會讓你們更加困惑。

籤詩是當擲筊問不出答案，或神明無法回答得很透澈時才會用到的工具。我們要有一個觀念：第一步驟應先用擲筊直接問神明答案，如果沒有得到任何的答案，再來請示神明是不是要用籤詩來說明——這樣的問事程序才合乎邏輯。除此之外，上次你們提到，所抽的籤詩都是兩張，認為這樣才叫做有頭有尾，話雖然沒錯，但我還是要再次提醒你們，請你們務必要記住，籤詩的意義是當『神明有很多話要講，而用擲筊

王博士小提醒

別錯把問原因的工具拿來問答案

要懂得問神明問題，才能問出最準確的答案。第一步驟應先用擲筊直接問神明答案，如果沒有得到任何答案，再來請示神明是不是要用籤詩來說明，這樣的問事程序才是最合乎邏輯的。

無法回答得很透澈』時，才會用到的。既然神明有很多話要講，那我們怎能確定需要幾支籤詩？千萬不要自作主張，一定要抽完一支籤後，再問神明還要不要再賜第二支籤，第二支籤抽完之後，再問神明有沒有第三支籤，這樣才是最準確的問法。

這種問法就好比再三的跟神明確認『祢的話說完了沒有』，整個程序都還沒有結束，怎麼能先認定神明只會給兩支籤詩（頭、尾）而已？所以，還是老話一句，不要自作主張，凡事請示神明的意思，就不會出差錯。」

這對情侶聽完之後，不斷點頭稱是，「沒錯，一開始我就是用錯方式，把問原因的工具拿來問答案，才導致這件事情愈問愈複雜。現在我終於懂了，也了解這兩種問事工具該如何靈活的交互使用，讓問出來的答案更加精準。非常謝謝你，王老師。」

「你們要感謝的應該是神明而不是我。如果不是祂們在幫忙調查，我能幫上忙的地方也很有限。」

整件事情總算有一個圓滿的落幕，過了幾個月，這對情侶專程來告訴我，他們即將在下個月結婚，小倆口未來的住所，就是神明幫他們決定、位於汐止的那一間房子。聽到這個好消息，除了替這對終成眷屬的有情人感到開心，更讓我思考到一個問題：除了這對情侶，我相信還有更多人發生過這種問事程序顛倒的狀況，沒有先用擲筊直接問神明答案，反而去抽籤詩，結果造成判斷上的錯誤而出事，再回來怪神明不準、亂講——祂們明明沒有錯，卻要因此背上許多的誤解與罵名。想到這裡，心裡不覺開始憂心忡忡了起來。

王博士小提醒

到底該抽幾支籤詩呢？

關於籤詩的數量，千萬不要自作主張，一定要抽完一支籤後，再問神明要不要再賜第二支籤，第二支籤抽完之後，再問神明有沒有第三支籤，這樣才是最準確的問法。

問神不敗圖解案例

狀況：準備結婚的情侶打算買房，卻因為抽籤詩決定不了而吵到差點結不成婚

↓ **釐清問題**

先就四間備選的房子中，以擲筊問「買哪一間最適合」，但問了十分鐘仍無指示→換個角度，改問是否都不適合，仍舊沒有指示

問事心法1
當換個角度仍舊沒有指示時，代表神明要說的，是在「好」或「不好」之外的答案，也就可能需要動用到擲筊以外的方法

↓

請示神明是否有很多話說，要透過籤詩來說明→神明賜下三支籤詩

↓

籤詩指示情侶目前的運勢較低，不適合買房，待運勢轉強後再買，不但適宜，而且將會有貴人相助

問事心法2
有時候，問題不在於好不好，而是「還不是時候」，問事準確與否的關鍵，在於對問題屬性的判斷

↓

八月之後，情侶帶著新物色的三間房子來問事→神明很快的指示出其中一間，不但地點好，經表哥（貴人）幫忙殺價後更是物超所值

導致失敗的問事地雷
神明處理事情的邏輯
籤詩是神明用來補充說明的，而不是想抽就抽，抽籤詩時，一定要先請示神明是否賜籤詩，並且按照正確的程序抽籤詩（詳見P205）。

例2 事到如今我還要上訴嗎？

一個星期六的夜晚，天氣很好，一輪明月高掛在天上，特別明亮，前來泡茶、聊天、拜拜及問事的信徒，一直絡繹不絕。就在此時，來了一對夫妻，從他們臉上焦慮的神情看來，夫妻倆遇到的麻煩一定非同小可。這位先生完成了程序、上完香後，就跟他太太坐在椅子上休息，老師馬上上前跟這對夫妻打招呼，順便了解一下他們想問什麼問題。

這位先生表示，他們夫妻今天來，是想問一件官司的問題。

「官司？發生什麼事了嗎？」

「事情是這樣子的，我是一間科技公司的負責人，目前跟太太住在臺中。公司的營運一直都還不錯，年收入至少都有數千萬甚至上億元。有一次，我跟一位認識很久的朋友，帶著公司的新產品去德國參展，當我跟友人在會場閒逛的時候，意外發現了一個隸屬於德國科技公司的產品，跟我們公司的產品很類似。我上前仔細觀察，發現它跟我們公司的產品相似度幾乎達百分之九十！我跟好友簡直不敢相信，心裡面頓時有種大事不妙的感覺，我投入了這麼久的時間，花了這麼多研發經費，難不成全都要泡湯了？回到飯店後，我整晚都沒睡，腦中一直回想今天在展覽會場所看到的情景，難道……難道是公司有人洩密嗎？這個念頭讓我的心情更加煩躁，最後，我帶著焦慮的心情搭飛機回到臺灣。

回到臺灣一個星期後，我跟一同前往德國參展的那位朋友聚餐，向他透露內心的擔憂，這位朋友在安慰我的同時，也跟我提出建議說：『不然你乾脆走法律途徑，告那間德國的公司好了。』

我聽了之後，心裡非常猶豫，想說：『這樣做好嗎？』

我朋友則一直對我說：『現階段只有這一條路對你最好，對德國公司提出告訴之後，可以向他們提出索賠，索賠金額一部分可以彌補你的損失，另一部分可以拿來填補你研發這項產品的高額研發費，這不是兩全其美嗎？』

聽他這樣說，我當下雖然覺得有道理，一時之間仍無法下定決心。好友察覺到我的遲疑，便建議說：『不然，我們乾脆去問神明好了！』我對問神方面不是很了解，所以就請教他可以去哪裡問事，友人回答說：『我知道，我帶你去！』

兩天後，我跟朋友在早上十點多前往宮廟問事，經過大約三十分鐘的車程，我們抵達了問事的地方。進去上完香之後，我朋友叫我坐在椅子上喝茶，他則獨自走進神壇旁的一間房間，大約過了十分鐘，朋友從房間走出來，我很好奇的問他說：『你對這裡很熟嗎？』我朋友笑了一笑，對我表示他以前常來。這時候，工作人員忽然叫我上前，想了解我今天想問什麼問題，我看到神桌旁坐著一個中年人——好像是主事人員——看起來就好像被附身似的，身體一直不停的發抖。由於我是第一次來問事，一時間也不知道接下來該怎麼做，只好靜靜的站在一旁，此時那個人開口問我說：『這位先生，你今天來這裡想要問什麼問題？』看我一副不知道從何開口的模樣，我朋友代替我回答那位被附身的人：

『對不起，因為我朋友是第一次來問事，所以不知道該如何表達，由我來替他說好了。事情是這樣子，我朋友是一間科技公司的負責人，花了很久的時間研發出一項新產品，這項新產品問世之後，除了國內的行銷通路外，他也一直想把新產品推廣到德國去，因此在兩個禮拜前帶著產品前往德國參加展覽。然而，我們竟然在展覽會場上，發現一間德國的廠商也研發出類似的產品，雖然沒有一模一樣，但相似度幾乎達百分之九十。我們因此考慮要尋求法律途徑，對這間公司提出告訴，我朋友今天來這裡，正是想請示神明，該不該告這間公司？』

主事人員聽完我朋友的敘述後說：『喔，原來是這樣！』接下來就沒再多表示些什麼了，只見他的手指一掐一掐的，過了差不多一分鐘，他告訴我說：『可以，你可以對這間公司提出告訴。』

我一聽，心情可說是五味雜陳，還摻雜了一絲絲不確定感，於是我又問：『如果我提出告訴，這場官司會打贏嗎？』

他馬上回答我說：『絕對可以。』既然已經得到答案，我跟朋友隨即離開那個地方開車回家，那時已經接近中午，我們就近找了一間餐廳吃午餐，順便討論一下訴訟方面的細節。

雖然已經問出了答案，但畢竟是跨國訴訟，心裡多少還是有點擔憂。在舉棋不定的情況下，我忍不住再問：『真的可以告嗎？』

我朋友很堅決的回答我說：『既然那位主事人員已經說可以告了，那就一定沒問題。不用再猶豫了，你大膽提出告訴就對了。』

我邊吃午餐邊想，還是覺得不放心，於是又問朋友說：『你還有認識其他可以問事的地方嗎？為保萬無一失，我想再多去幾個地方問看看。你可以幫我安排嗎？』

因應我的要求，在這段期間之內，我朋友帶我去了三個地方，問出來的結果都一樣——可以對德國公司提出告訴。前前後後問了四個地方，得到的答案都一樣，於是我朋友說了：『既然得到的答案都一樣，你可以不用再猶豫了吧！』

『好，既然這樣，我決定了，那就提告吧！不過，你有認識這方面的律師嗎？』我也馬上這樣回答朋友。我朋友跟我表示沒問題，這方面由他來負責。

於是，接下來的兩個禮拜，我朋友就幫我找國內的律師團以及德國方面的律師，籌備打官司的事情。這段期間，我也跟臺灣方面的律師團密切聯繫和討論案情，過程中，我又再一次問律師說：『這件官司勝訴的機會有多大？』

律師告訴我說：『你別擔心，勝訴的機會很大。』聽到這句話，我的心終於比較安定下來了。過了一個禮拜後，律師正式通知我，他們已經對德國那間公司提出告訴，也就是說這場跨國官司正式展開了。

說實在的，這段期間我的內心非常煎熬，面對一個不確定的未來，任何人都可能會有跟我一樣的感覺。可是，我的噩夢才剛要開始而已……幾個月後，我那位朋友和律師團正式通知我說：『判決下來了，這場跨國官司打輸了。』不但官司打輸了，德國的公司甚至還向我求償，最後，法院正式判決我必須賠償那間公司——賠償金再加上臺灣跟德國的律師費，歐元合算新臺幣差不多是三千多萬元！一聽到這個噩耗，我腦袋一片空白，整個人幾乎快要昏倒。我無法相信、也無法接受這個事實，尤其是我太太，知道官司輸了之後，整日以淚洗面、傷心不已。

我太太雖然傷心，但她明白我的心情也很不好受，所以並沒有責怪我，甚至還安慰我說：『既然事以至此，千萬別想不開，只要夫妻同心，一定會度過這個難關，夫妻本來就是要患難與共。』

一聽到太太對我說這些話，我滿腔的情緒再也壓抑不住，眼淚終於忍不住流了下來，我緊緊地抱著太太，告訴她說：『謝謝妳的體諒，我這輩子能夠娶到妳，真的是我祖上有德，前輩子修來的福氣。』

打輸官司的這段期間，我心情非常沮喪，想了好幾個禮拜也想不通，為什麼會有這樣的結果。然而，眼前的情況又逼我開始思考一件事：到底要不要上訴？

於是，我又去找那位朋友商量，他建議我要不要再去問一下神明。然而，得到的結果依然還是一樣：一定要上訴。

看到這種結果，說真的我開始有點怕了，連我太太也要我謹慎一點，有了前車之鑑，最好別再人云亦云。在心煩而又不知如何是好的情況下，我跑去書局看看書、散散心，無意間看到《神啊！我要怎麼問你問題？》，我毫不猶豫的買回家，一看就看到半夜。隔天早上，我拿著這本書跟我太太表示想到高雄一趟。沒想到我太太在看了書中的內容之後，一口就答應了，還說要陪我一起來。」

神明看事情的角度是針對「問題點」，而非「問題」本身

聽完這位先生把來龍去脈交代得這麼清楚後，老師問他說：「所以你今天來也同樣是要來問，到底該不該上訴嗎？」

「是的。」這位先生回答。

「好，既然是這樣，那等一下我就幫你問看看。」

大約過了二十分鐘，老師開始請示神明到底還要不要上訴的問題。可是，神明卻沒有做出任何指示，不論是要上訴或不要上訴，都沒有得到任何聖筊。這種情形就代表神明看這件事情的角度已經跟我們不一樣了——也就是說，神明要給的答案，是在「上訴」與「不上訴」之外。神明想要告訴我們，上訴跟不上訴這兩個「看得見的答案」並不重要，

王博士小提醒

得不到聖筊的背後含意

一直得不到任何聖筊，就代表神明要給的答案，是在對與不對之外，也就是事件的背後有一個更重要的問題等著我們發現。

背後還有一個更重要的問題等著我們發現，所以接下來的首要任務，就是要把這一個「看不見的問題」找出來。

果然不出所料，經過老師十分鐘的再次請示，神明道破一件令人非常驚訝的事，原來這一個看不見的問題就是：這對夫妻家裡面的三尊神明，因為這個跨國官司的問題，聖靈已經完全不在了。

這場官司原本的後果要比現在更嚴重好幾倍，但是這三尊神明慈悲為懷，不忍祂的弟子下場淒慘落魄，就將後續更嚴重的後果一肩承擔下來，但是「人有人的法律，神有神的法律」，三尊神明做出了超越權限的事情，導致聖靈被玉皇大帝召回，也就是說，三尊神明只剩下空殼子，聖靈並沒有依附在神尊裡面。

看到這種結果，這位先生很害怕的問老師說：「那現在我們該怎麼辦？」

「你先別擔心，神明既然道破此事，也會替你想辦法把三尊聖靈再請回來。」

神明後來指示這位先生幾個方法，於是他便按照神明的方法，小心翼翼、按部就班的去執行了。

經過一個禮拜後，老師按照神明指示的日期，前往這對夫妻家中，準備處理三尊聖靈之事。當老師抵達他們家後，馬上交代先生趕緊擺上香案，要祈求玉皇大帝釋回家中三尊神明的聖靈，一旦時間拖得太久，後果將會不堪設想。當夫妻倆將香案準備就緒後，老師及這位先生立即焚香祈求玉皇大帝。

很奇怪的是，焚香三十分鐘後，不管這位先生怎麼祈求，玉皇大帝都沒有做出任何指示，老師一看不對勁，馬上祈求宮裡神明給感應協助，感應一到，老師馬上問這位先生，他家中的神明是由哪一間廟所分靈出來的。

「是由臺中南瑤宮所分靈出來的。」這位先生回答。

「這就對了，你趕緊上香祈求南瑤宮的神明前來，這件事必須要由南瑤宮神明出面幫忙，向玉皇大帝說情，這樣才能解決。」

這位先生馬上焚香祈求，約二十分鐘之後，老師在香案前擲筊，請示南瑤宮神明是否已經來到，結果連擲了三個聖筊。他一看到連續三個聖筊，馬上問接下來該怎麼做，老師告訴他說：「接下來你們就誠心祈求南瑤宮神明出面向玉皇大帝說情，請玉皇大帝釋回家中三尊神明的聖靈。至於結果如何，等一下我們再擲筊請示。」

經過了一個小時，老師再次擲筊請示玉皇大帝，是否接受南瑤宮神明所求，已經釋回家中三尊神明的聖靈？這次果然連續得到三個聖筊。看到這樣的過程與結果，這位先生立刻高興得眼泛淚光說：「我長這麼大，第一次遇到這種事情，也是第一次親眼看到整個問事的過程，這麼合理又合邏輯的擲筊技巧與學問，真的是前所未見！只憑著一對筊，就可以把事情的原因、複雜因素和解決辦法問得那麼清楚又有條有理，一般的宮廟大多要依靠起乩的方式才做得到。」

「你太客氣了，你應該要感謝媽祖，因為這些都是祂們教我的，我只不過是運用所學而已。此外，你也要感謝南瑤宮神明，沒有祂們出面幫忙說情，這件事情要圓滿落幕，恐怕沒有那麼容易。」

「不過老師，我還有一點無法了解。我第一次來找你，主要是想問到底該不該上訴，為什麼神明不給我任何答案，卻指示家中三尊神明的聖靈已經不在？家中神明的聖靈在不在，跟我要不要上訴有什麼關聯嗎？」

「你總算是問了，」老師笑著說：「這是個好問題，如果有心要學如何問神，這件事會是一個很好的教材。你當初只是單純地想問，該不該對德國那間公司提出上訴，但你有沒有想過，家中三尊神明出了這麼大的問題，如果不先解決，反而選擇繼續上訴，結果很可能會輸；同樣的，就算你選擇不繼續上訴，之後的事業還會繼續發生問題。假設你是神明，會做什麼指示？

你要知道這件事的嚴重性，家中三尊神明的聖靈一旦不在，那就表示這三尊神明只剩下空殼子，一旦有不好的東西侵入，麻煩就大了。按照我過去處理的例子，家裡人的身體會一天比一天差，事業的發展也會一日比一日不順，更嚴重的，還會有官司纏身的情形。神明看待事情的角度跟我們不同的地方就在這裡——『問題點的重要性』。上訴跟不上訴是一個『問題』，而決定『問題』後續發展的成敗，關鍵就在於『問題點』。所以，如果你不先處理這三尊聖靈的問題，而被不好的東西侵入的話，結果極有可能是：選擇上訴，不會贏；放棄上訴，事業開始出問題。兩條路中的任何

王博士小提醒

問題點的重要性

有時候，對或不對只是一個「問題」，而決定「問題」的後續發展是成功還是失敗，關鍵就在於「問題點」。

一條，對你都將是禍患無窮。你現在應該知道，要了解神明到底在幫我們什麼，得先了解神明的苦衷在哪裡，一旦了解神明的苦衷，就可以明白神明想表達什麼，明白神明要表達什麼，問事的精準度自然會大大提升。反過來說，問事問得不準，有可能是不了解『神明到底在幫我們什麼』所造成。」

這位先生聽完老師的分析後說：「我從來沒看過有人能利用擲筊的方式，把問事問到這麼高深的境界，真的是讓我大為佩服。從這次的經驗，我發覺到擲筊問事真的要比任何方式都還要困難好幾倍，難就難在要了解神明思考的角度，這不是一般人可以做到的。看到今天的處理過程，真的是勝讀十年書啊！好，我決定了，以後如果還有遇到任何問題，我一定還會來找老師你幫忙，這裡絕對是我的第一選擇！」

老師笑著回答這位先生說：「你不用客氣，以後有任何問題，歡迎你來。」

神明的世界是我們無法想像的

「不過，我們都只顧著討論，卻忘記接下來還有正事要做。」

「不是已經結束了嗎？還需要做什麼？」這位先生很驚訝的問。

「當然有，」老師很嚴肅的回答他，「雖然玉皇大帝已經釋回三尊神明的聖靈，但我們還得問問是否有其他的指示，這樣才確保事情正式告一段落。」

誠如老師所言，玉皇大帝果然還有其他指示，而且還要賜籤詩。

「我這裡並沒有籤詩啊！」這位先生很好奇地問老師。

「不用擔心，既然玉皇大帝做出這樣的指示，一定早就已經安排好了。」

「安排？怎麼安排？」這位先生不解的問。

「你這裡附近有沒有大廟？」

這位先生想了一下說：「有一間鎮清宮，就在豐原。」

於是，老師馬上接著問玉皇大帝：「籤詩是否在豐原鎮清宮內？」他把一對筊擲下去，果然連續出現了三個聖筊，這位先生簡直不敢相信眼前所見，直呼道：「真的是嚇死我了。」

老師笑著對這位先生說：「我們現在馬上趕去鎮清宮，到了那邊我還會再擲筊請示那邊的神明，如果又是得到三個聖筊，那就再一次證明確有其事了。」

於是老師和這對夫妻動身前往豐原鎮清宮，在上香稟明來意後，老師開始請示鎮清宮的神明：「玉皇大帝剛剛交代，有籤詩寄放在這裡，是否確實有籤詩要賜給弟子？」老師一說完，馬上把筊擲下去，結果又連續出現了三個聖筊。

看到連續三個聖筊，這位先生終於按捺不住的說：「老師你知道嗎？我現在全身都起滿了雞皮疙瘩，真是嚇死我了，真的好玄、好不可思議喔！天底下竟然有這麼神奇的事！」

老師回答他說：「只要心存正念，能把神明的意思完整而不加油添醋的問出來，不管走到哪一間廟驗證，所得到的答案都會是一樣的。」

解籤詩沒有你想的那麼簡單

經過十分鐘的抽籤程序，總共抽出了五支籤詩：

第一支：癸未籤（歷史記載：漢高祖芒蕩山斬蛇）

蛇身意欲變成龍，只恐命內運未通；久病且作寬心坐，言語雖多不可從。

第二支：癸酉籤（歷史記載：管子鮑叔首合）

有心作福莫遲疑，求名清吉正當時；此事必能成會合，財寶自然喜相隨。

第三支：辛巳籤（歷史記載：董永皇都市仙女送子）

花開今已結成果，富貴榮華終到老；君子小人相會合，萬事清吉莫煩惱。

第四支：甲申籤（歷史記載：龐涓害孫臏）

只恐前途明有變，勸君作急可宜先；且守長江無大事，命逢太白守身邊。

第五支：壬寅籤（歷史記載：潘安陳姑作夫妻苟合）

佛前發誓無異心，且看前途得好音；此物原來本是鐵，也能變化得成金。

老師仔細看了一下玉皇大帝降賜並寄放在鎮清宮的五支籤詩，邊點頭邊說：「原來如此，原來如此！」

老師接著對這位先生說：「這五張籤詩裡面包含了非常多的玄機，例如性格、官司、事業、交友、夫妻以及宗教。」

第一支籤詩

「玉皇大帝是要跟你說，今後不可再偏聽偏信，今天你會官司纏身的原因之一，就是因為聽信別人的建議，自己又沒有詳加判斷思考所造成。在性格上，你一直有這個習氣，如果不先跟你交代清楚，很難保證以後不會再發生同樣的問題，性格會決定命運，所以必須要先對你交代清楚。

至於官司問題，如果你堅持要上訴的話，對目前運勢低迷的你，只有百害而無一利，不可不慎重考慮。」

第二支籤詩

「玉皇大帝是要跟你說，要你放棄上訴，也許你會認為，如此一來連反敗為勝的機會都沒了，這樣損失不就大了？但你只想到贏的結果，卻沒有想到輸的後果。一旦上訴又失敗，那後果才真的是不堪設想。不過沒關係，玉皇大帝也有說，你未來的事業會有一波很強的運勢，識時務者為俊傑，放棄上訴雖然要付出數千萬的賠償金，但等到未來運勢轉強的時候，賺進來的錢會多上好幾倍，權衡利弊之下，何不先退一步以爭取未來的海闊天空呢？」

第三支籤詩

「玉皇大帝是要提醒與暗示你，要注意觀察你身邊的朋友，雖然家中複雜的問題已經解決，未來的事業也會慢慢順利起來，但是，如前面所說的，你比較容易相信朋友，這支籤詩要提醒你，在你的朋友當中，有些人已開始有不單純的想法跟動機了。所以，你自己要多多注意一點。」

第四支籤詩

「適才第三支籤詩提到要多多注意你的朋友，而這支籤就是玉皇大帝要進一步的提醒你，要注意朋友當中跟你關係比較密切的，既然是龐涓害孫臏的話，這個該提防的人，極有可能就是你身邊的人。」

第五支籤詩

「這就有點玄機了，這支籤詩是玉皇大帝要對你們夫妻說，凡事都需要以包容的態度相待，天下萬物，不管是人、事、物還是宗教信仰，都有其價值與意義，不要為信念不同而傷了彼此的和氣，這樣對家運會造成影響。」

老師講解完第五支籤詩之後，這位先生才坦承說：「其實我太太跟我是不同的宗教信仰，這次的官司可以說是求助宗教所造成的，雖然她對這個結果頗有微詞，但在事業上和打官司期間都還是很支持我的。」

「喔，難怪，當我在看第五張籤詩的時候，我心裡還在想說，為什麼玉皇大帝會賜這支籤詩給你們，原來是因為這樣啊！你們看，蒼天還是很疼愛祂的子民，家和才會萬事興，家若不和則萬世窮。」

雖然五支籤詩已解釋完，但為了讓他們夫妻更清楚明瞭箇中細節，老師更進一步地將剛剛的內容做了一個簡單的整合。

老師對他們說：「依照玉皇大帝來看，就算再上訴，對你的未來似乎也沒有太大的幫助，反而還會有副作用。放棄上訴雖然得付賠償金，但你將來還會有一波很強的事業運，屆時會把付出去的賠償金再賺個幾倍回來，千萬別忘了『退一步海闊天空』的道理！只是，這當中你要多留意身旁跟你比較要好的朋友，玉皇大帝應該是有查到什麼事，才會做出這種指示——事出必有因，神明講的任何一句話都有祂們的道理；神明都如此了，更何況是玉皇大帝的指示。

最後，家運如果要好，一團和氣是非常必要的，是以家人之間要懂得互相包容、互相尊重，儘管信念不同，但是萬法不離宗，只要能夠想通這一點，爭執自然也就會減少許多。」

解籤不能放諸四海皆準，要會對「症」思考

聽完老師的話，這位先生大大的嘆了一口氣說：「我看過許多廟裡面或坊間有關解籤詩的書，但裡面全都只針對籤詩的內容做解釋，沒有像老師你這樣五張籤的解法。剛剛老師在解籤詩的同時，我腦海裡就浮現出解籤書的內容，把這兩者一比較，開始打從心底覺得解籤詩絕對不能照本宣科、一成不變、不懂變化，更不可能放諸四海皆準。老師你解籤詩的能力，真的靈活很多，我還是第一次看到這種一次好幾張籤詩的解法，把過去、現在、未來交代得清清楚楚，甚至連我們夫妻信仰不同的事，你也可以從籤詩裡面解出來，真是所謂千變萬化盡在其中。」

聽到這位先生的誇獎，老師很謙虛的說：「解籤詩是因人、因事、因時、因地、因物而異，再加上各方面條件、案情、人性的不同，同樣的籤詩所解出來的答案也就不同，解籤詩若只會照本宣科，後果一定會很嚴重。你剛剛有一句話講得很好，宗教方面的事情永遠不可能是放諸四海皆準，為什麼呢？因為水無常態，法無定法。」

整件事情到這裡總算告一段落，沒想到的是，過了一個禮拜，老師竟然又接到這位先生的電話。

「老師，你還記得上次幫我解的籤詩裡面，不是有兩支籤詩特別交代我要多注意朋友嗎？我現在已經知道是誰了，還真的就是一個非常要好的朋友。我把部分賠償金跟兩國的律師費都交給他，麻煩他協助處理，沒想到他全都沒有付給對方，直到德國方面的律師打電話來臺灣催討，這件事才曝光，我這才知道事情大條了。現在想連絡這位朋友也連絡不上，真是氣死我了！」

老師安慰他：「不用著急，我覺得應該是可以連絡上的。」

後來這位先生再度打電話來說，兩天後真的有找到這位友人，金額上並沒有多大的損失，還好有提早發現，否則要找人可就困難了。

問題點處理完運勢隨著轉

三個禮拜後的一個週末夜晚，這對夫妻再一次來到宮裡，他們此次來的目的是想確定一件事情，這位先生告訴老師說：「三個禮拜後，德國有一個產品展覽會，我想去參加這個展覽會，不過，因為上次的官司事件讓我心生警惕，所以，我這次想來問我該不該去德國參展？」

老師想了一下，回答他說：「嗯，小心一點是應該的，等一下我幫你問。」

經過二十分鐘的請示，神明對於「該」或「不該」去德國參展並沒有做出任何的指示，單單只有賜一支籤詩給這位先生。

甲子籤（歷史記載：唐太宗坐享太平）

日出便見風雲散，光明清靜照世間；一向前途通大道，萬事清吉保平安。

老師看完這張籤詩後笑了一笑，對這位先生說：「這支籤詩是神明要告訴你，過去的官司和不如意之事已經完全結束，家中複雜的欠點問題也已經處理好了，你現在的運勢有如撥雲見日，豔陽將高照著你的前途，前方的道路也將一片光明。神明要你不用擔心，放膽去參展吧！」這位先生一聽完老師的解釋之後，興奮地一直向神明頂禮膜拜，感謝神明的庇佑。

後來，這位先生遵照神明的指示前往德國參展，數個月後，這回的參展果然為他帶來不少訂單。仔細算一算，這回參展得到的總收入，超越了公司需要數年時間才可以達到的利潤，這位先生在事業上的成功，真可謂是「從哪裡跌倒，就從哪裡爬起來」。不過，這只是看得見的命運，真正最重要的，是那些看不見的問題點，也就是神明一直在背後幫我們調查以及處理的部分。這又是什麼道理呢？道理很簡單，因為「看不見的問題點」決定「看得見的命運」。

問神不敗圖解案例

狀況： 因侵權問題考慮告德國公司，問了四間宮廟都表示可以勝訴，結果敗訴面臨巨額賠償
→是否該繼續上訴

↓ **釐清問題**

開始以「上訴」或是「不上訴」來請示神明→沒有得到任何聖筊，表示神明要給的答案在上不上訴之外

問事心法1
神明沒有回答「上訴」或是「不上訴」，是因為家中神明的聖靈若已不在，不論上不上訴，都會發生問題，故應以解決聖靈問題為優先

↓

將背後的答案問出來→家裡三尊神明的聖靈已經不在了，於是依照神明指示，請求玉皇大帝釋放三尊神明的聖靈

↓

擲筊確認聖靈是否釋回。確認後再詢問是否有其他請示→神明指示要賜籤詩

問事心法2
許多人認為擲筊不如起乩有神通，其實，擲筊需經過三次聖筊驗證，是最準確、最不受人為操控的，只要懂得問問題，擲筊便是最有利的問事工具

↓

籤詩內容表示應放棄上訴，至於損失的巨額賠償，將再下一波事業運中賺回。先生放棄上訴，幾個月後回宮請示參展事宜，遵照神明的指示參展後，果然帶回了利潤頗大的訂單

導致失敗的問事地雷
問題點的重要性
神明看待事情的角度跟人不同，人往往看到問題，神明看重的，卻是「問題點」的重要性。問事時不要單單執著在問題的表面，懂得神明的想法，問事將更快、更順利。

例3 如果時間還可以重來……

清明節是臺灣很重要的節日之一，這一天大家都忙著掃墓和祭拜祖先。在清明節當天晚上八點多，一位六十幾歲的老母親帶著一對男女前來問事。

他們一家人都上完香後，老母親馬上走過來對老師說：「我們今天來這裡，主要是來問我兒子的事業。我兒子失業已經快半年了，並不是因為他懶惰不去找工作，而是每次面試結束後不是沒下文，就是叫我兒子回去等通知，就這樣過了半年，始終還是找不到工作。」

「你兒子結婚了嗎？」

「已經結婚了，育有一個女兒和一個兒子。沒工作還要養一個家庭，加上小孩子又要念書，整天坐吃山空，長期下來怎麼得了？我已經擔心很長一段時間了，想說再這樣下去也不是辦法，所以今天才會帶我兒子來這裡。」

了解他們來這裡的原因後，老師對她說：「妳今天主要是想問妳兒子的事業問題，問題是他目前沒有工作，所以沒有具體目標可以幫妳問。所謂的具體目標，就是假設眼前有幾個工作機會可以選擇，但不知道去哪間公司對他的未來比較有幫助，請神明幫他選一間，這樣的問法會比較合理。不過你們既然都來了，我就換一個角度幫你們問好了，就問妳兒子這麼久都找不到工作的原因到底是什麼。」

神明看重的是一個家，不是一個人

經過差不多三十分鐘後，老師開始幫這位老母親問兒子找不到工作的原因，結果神明沒有做出任何指示，只賜下二支籤詩，而且神明特別交代，這二支籤詩主要是講這位老母親一家的家運。這二支籤詩是：

第一支：甲戌籤（歷史記載：孟姜女哭倒萬里長城）

風雲致雨落洋洋，天災時氣必有傷；命內此事難和合，更逢一足出外鄉。

第二支：丁卯籤（歷史記載：朱弁落冷山）

前途功名未得意，只恐命內有交加；兩家必定防損失，勸君且退莫咨嗟。

老師看了這二支籤詩後，對老母親說：「妳今天來問兒子找不到工作的原因，可是神明並沒有直接回答妳，反而透過二支籤詩要講妳的家運，表示家運已經影響到妳兒子的事業了。

關於第一支籤詩，神明是要告訴妳家裡的情形。妳家裡面的成員——當然還包括妳兒子，目前想要從事什麼行業或者做什麼生意，都很難達到心中期望的目標，不順遂的狀況也接二連三的出現，就像綿綿細雨一樣不曾停歇。長期的不順遂造成家裡的氣氛非常低迷，進而導致家人之間漸漸開始發生口角，再這樣吵吵鬧鬧下去，就算胸有大志，也很難一展抱負。最後，神明要告訴妳，家中的氣氛如果再不改善，可能每個人都會想要從家裡搬出去。

既然第一支籤詩已經點出妳家裡面的情形，那第二支籤詩就是要進一步告訴妳，造成家中這種情形的原因。這支籤詩透露，這麼多不順遂的狀況其實並非偶然，而是有一個無形的原因（欠點）。你們目前的狀況就好似在跟問題拔河，贏了當然很好，但如果輸了，情況可就不太妙了，在這個原因還沒有找出來之前，問兒子的事業也沒有多大的意義。最後，『兩家必定防損失』這句話最重要，意思就是說，這個欠點如果一直延續下去，極有可能會造成一方受到傷害，而且傷害的程度應該會蠻嚴重的。如同剛剛所說，現在你們家就好像在跟惡運拔河，一旦輸了，這個傷害就會正式醞釀成形。」

這位老母親馬上接著問說：「這兩支籤詩跟我兒子的事業有關係嗎？我們今天來這裡，主要是想問我兒子找不到工作的原因，為什麼會講到我們家的家運呢？這兩者有什麼關聯？」

從老母親問的問題，就可以確定她無法完全了解神明想要表達的意思。於是，老師再一次回答這位老母親說：「妳是要問兒子的事業沒錯，但神明不直接回答妳這個問題的原因有四：

①事要分輕重，家運是整個家的運，不是妳兒子本人的運。所以，神明是以妳全家的角度在看事情，不是只侷限在妳兒子身上。

②一個家如果出狀況，影響的是全家的人，不是只影響妳兒子。所以，神明想幫的是妳全家的人，不是只幫妳兒子一人。

③如果只幫妳兒子一人，就算他真的事業有成了，但家中其他人卻落魄，請問，這種情形是好還是不好呢？所以，神明是想讓妳家中每個人都好，不是只有妳兒子一個人好而已。

④妳兒子這麼久找不到工作的原因，就是受到家裡運勢所影響。」

聽完老師的講解後，老母親點點頭說：「你說的很有道理，籤詩解得也很準。最近我們家裡確實很不平順，我先生前年因久病纏身想不開而自殺；兒子又沒工作；至於女兒，有一天騎車載她弟弟的小孩去上學，途中出車禍被撞斷腿，我孫子的手也縫了好幾針；媳婦前幾天因為胸部發現硬塊跑去看醫生，結果醫生說要切片做進一步的檢查；而我這兩條腿也不知怎麼搞的，長年痠痛，去檢查又說沒問題。反正，這陣子家裡面確實很不平安……唉，不說了，愈說愈傷心。老師，接下來我該怎麼問？」

老師回答這位老母親：「籤詩裡面已提示出，妳家中事事不如意是有原因的，也就是說，我們要把這個欠點給找出來。」

處理事情半途而廢，後果反而更糟

不過，事情就是這麼怪，老師問了差不多快十分鐘，神明卻沒有指示出是什麼欠點。有心精進問事能力的人應該明白，問了這麼久，神明都不給任何答案的話，就表示這件事情一定很不單純，只是一般人不了解當中的奧妙。

除此之外，愈複雜的案子，神明愈會考驗這位當事人的耐性。為什麼會這樣呢？因為愈複雜的案件愈難處理，神明一旦說出答案，而當事人卻不想處理，或者處理到一半就中途放棄，那事情就只會變得更糟，反而會害到這位當事人——這種利害關係是一般人想像不到的。

神明不肯明言的原因

問了差不多快二十分鐘，這位老母親漸漸地耐不住性子，當老師問神明說：「祢們是不是擔心一旦說出欠點而沒有處理的話，反而對老信女一家不好，所以才不做任何指示？」隨後，老母親把手中的筊擲下去，馬上就連續得到三個聖筊。

老師在明白神明的顧慮之後，立刻對老母親說：「依照我的經驗，神明之所以會做出這種指示，是擔心假使講出真正的原因，一旦你們不處理或是半途而廢，反而會害到你們。」

王博士小提醒

問事要有耐性

愈複雜的案子，神明愈會考驗當事人的耐性。因為神明一旦說出答案，而當事人卻不想處理，或處理到一半就中途放棄，反而會讓事情變得更糟，害到當事人。

了解神明的想法後，她立刻上香向神明說：「不會啦，只要能讓我的家運好轉，我一定會處理，祈求神明指點迷津。」

看到她的宣示，老師再一次請示神明是否要指示欠點是什麼？結果，這位老母親再次連續擲出三個聖筊。

既然神明已經答應要指示，老師接下來就馬上朝欠點的方向下去問，不到一分鐘，神明馬上指示出影響他們全家運勢的欠點就是「神位」（供奉神明的地方），並且是連續得到五個聖筊。

這位老母親一看到神明指示家裡的神位有欠點時，馬上提高音量說：「哪有可能？這個神位我已經拜了四年多，怎麼會有欠點，不可能啦！」

聽到老母親說出這番話，大家簡直不敢置信，於是老師對她說：「既然神明說妳家神位有欠點，我接著幫妳問問看欠點的原因（問題點）是什麼好了？」

經再次擲筊驗證的結果，證實這位老母親家中的神位已經沒有任何聖靈在裡面，更可怕的是，早就有不好的東西依附在裡面了。

但是，這位老母親的反應還是跟剛才一樣，馬上又反駁說：「這就更奇怪了，我每天早晚都在神像前誦經，誦了那麼多年的經，怎麼可能會有不好的東西，這樣不是很矛盾嗎？」

看到這位老母親堅信家中的神位沒有問題，老師對她說：「如果妳對這裡所指示的答案有疑問，為了慎重起見，我建議妳再去大一點的廟求證一次，有沒有問題，一問就知道了。」

然而，老母親還是很堅持說：「神位不可能有問題，我都誦那麼多年的經文了，怎麼會有問題，有問題的話，我這幾年的經文不就白誦了。」

看她這麼堅持，老師也沒辦法，只好對她說：「好吧！我該講的都已經講了，天大地大人也大，妳如果認為沒問題，那就沒問題。」

這件事情就這樣不了了之，草草結束了。

其實，當我們不管怎麼問，神明就是不肯透露欠點的時候，心中就該別留意了，至於該留意的到底是什麼呢？

說實在話，這種事情的嚴重性一般人無法想像，適才神明賜的第二支籤詩裡面，提到一句「兩家必定防損失」，再依照神明指出的欠點原因來看，很明顯地，「兩家」一個是指他們家中的人，而另一個就是指依附在神像裡面那個不好的東西。防「損失」就是神明在提醒這位老母親，這件事情已經到了人命關天的地步，就因為這樣，神明剛開始才不敢說得很明白。

這位老母親是來問兒子找不到工作的原因，神明一旦接受他們的請求，就會馬上去她的家中調查。神明一到他們家中，馬上就會知道神位跟神像到底有沒有問題，倘若裡面依附了不好的東西，對方看到神明來調查，當然會驚慌失措。

一旦對方意識到，自己依附在神像上的事實已經被人察覺，就難保它不會做出什麼可怕的事情出來。從多年來處理過非常多類似案件的經驗來看，只要看到神明賜下這種籤詩，再加上這種欠點，通常都會再三交代當事人，千萬不能半途而廢，半途而廢反而會對他們不好。而站在問事者的立場，又不能對當事人講得太可怕，否則會被誤以為是在嚇他或者恐嚇他，問事者有時實在也很為難……

說到這裡，大家應該能了解這當中原來有這麼多的顧慮，不只是神明有苦衷，主事的人也要顧慮到很多因素。

懷著擔心的情緒，老師終於忍不住嘆了一口氣說：「山雨欲來風滿樓。」

就在這件事情過了半年之後，這位老母親的媳婦忽然跑來找宮裡問了一些問題。才不過半年的時間，這位媳婦的容貌就變得十分憔悴，整個人也蒼老了許多，跟上次看到的樣子相差非常多。

在她開口的那一瞬間，現場的氣氛頓時凝結了，她的問題讓在場的人都相當驚訝，她開門見山地問老師說：「老師，小朋友的神主牌要怎麼處理？」

一聽到「小朋友的神主牌」，大家心裡都不禁納悶道：「天啊，這段期間到底發生了什麼事？怎麼會無緣無故突然跑來問小朋友的神主牌？」

於是老師問她說：「是誰的小朋友？」

「是我兒子。」

老師不敢置信，繼續追問：「你兒子發生什麼事了？」

她還沒開始說話，眼淚就掉了下來。

「事情是這樣的，我婆婆上個月要去嘉義找一位親戚，那個地方位在鄉下，道路的左右兩邊都是稻田，我想說趁這個機會全家出去走走，於是一家人就開車載我婆婆到嘉義。因為平時長輩們難得相聚，當天一到親戚家，所有的大人就只顧著聊天，我兒子則跟親戚家的小孩在院子裡玩耍。其間我都會不定時走到屋外，關心一下小孩子的狀況，看沒什麼問題，就又回去裡面繼續聊天。

大概過了四十分鐘後，我又出去看看孩子的狀況。誰知道連個人影也沒看到，我急忙到處尋找他的下落，可是怎麼也找不到。我心裡一急，立刻問其他小朋友知不知道我兒子跑去哪裡了？他們都說不知道，只說剛剛他們在玩捉迷藏，我兒子躲起來之後就再也沒出現過，他們也正在找他。

我婆婆跟我先生也很著急，大家開始分頭去找我兒子。找了大概三十分鐘後……就在……」

說到這邊，她終於受不了，情緒崩潰的放聲大哭，哭到幾乎要癱倒在地板上。

工作人員看到她傷心成這個樣子，扶她起來坐在椅子上，順便倒一杯茶給她，緩和緩和心情。約莫過了五分鐘，等心情稍微平復後，她才再度開口說：「那天我們是開車到親戚家的，鄉下的道路兩旁都是稻田，那條路也很寬廣，所以我們就把車停在路旁，車子的旁邊緊鄰著水稻田。大家找了快三十分鐘，就在……就在……就在車子旁邊的稻田發現我兒子溺斃在田裡……」說到這裡，她又開始痛哭起來。聽到整件事情的經過，大家都愣住了。

「外行人看熱鬧，內行人看門道」，老師一聽到小孩子竟然發生這種憾事，便馬上問這位媽媽說：「妳兒子溺斃在水稻田裡的時候，是不是頭下腳上，倒立地插在水稻田裡呢？」

這位婦人聽到老師的問題，馬上嚇得從椅子上站了起來，她滿臉震驚地用手摀住嘴巴說：「你怎麼知道？」

老師並沒有回答她，只是教她該怎麼處理小朋友的神主牌。

雖然當下大家心裡面也都非常好奇，但也不好意思當場問，一直等到她回去後，才忍不住問老師說：「老師，剛剛你為什麼會說，她兒子溺斃在水稻田裡的時候，是頭下腳上倒立地插在裡面的呢？是不是有什麼特別的原因啊？難不成這件事的背後有什麼隱情嗎？」

老師搖搖頭，嘆了一口氣說：「半年前，她們第一次抽到的籤詩中有一句『兩家必定防損失』……當初我就是擔心他們不清楚整件事情的嚴重性，才會一直提醒那位老母親。結果……唉！想不到這麼快就發生事情了……」

老師說話的同時，臉上的表情充滿了遺憾與哀傷。

神明降立筊顯神威

隔天一早，這位婦人又來宮裡，一進來就對老師說：「老師你知道嗎？昨天回去之後，我想了一個晚上，思考老師你為什麼會問我那個問題，是不是知道什麼原因不方便講，或怕我難過所以不敢說，對不對？」

老師並沒有正面回答她的問題，只跟她講了一句話。

「事情已經到了這種地步，目前我只能勸妳節哀順變，不要再往負面的地方去想，放眼未來比較重要。」

她馬上回答老師說：「其實我昨晚一直在回想上一次我婆婆跟我們來這裡的情形，隱約還記得當時請示的結果，神明指出家中的神位有欠點，還有不好的東西依附在裡面，對吧？」

老師點點頭，婦人又問：「那現在可以處理嗎？」

「不行。」

「為什麼不行？」

「第一、妳兒子還沒有對年（指往生滿一週年，通常會有祭祀的儀式），只要家中有人往生還沒有滿一年，家裡面不管是風水、神位還是祖先有問題都不能處理，一定要等到一年期滿才可以。

第二、依我的觀察，就算可以處理，妳也無法作主。所以，現在妳應該回去跟家裡的長輩再商量一下，等到一年期滿過後，如果你們仍然想要處理，到時候我會再幫妳問。」

這事情就這樣過了一年，隔年的十一月底，這位婦人終於帶著婆婆一起來到宮裡。只不過，她們這一次前來，主要是想詢問婆婆身體方面的問題，這位老母親說：「我一直都有偏頭痛的老毛病，已經持續了好幾年，所以我今天過來，是想請示神明關於頭痛的問題。」

「既然妳想問頭痛的問題，我現在就幫妳問。」

當老師問這位老母親的頭痛是否為欠點所引起時，奇怪的事情發生了——大部分的人擲筊時不是跪著就是站著，就算是站著擲筊，筊拋出去的角度也是往下擲，一般不會往上拋，而這位老母親雖然是站著，可是擲筊時卻把筊往天空拋，拋上去的高度幾乎快碰到屋頂。老實說，就連一旁觀看的人也在竊竊私語，想說這位老母親是怎麼了，擲筊的方式怎麼這麼特別。

第一次把筊拋上去之後，掉下來的結果是一個聖筊，第二次再把筊拋上去，結果仍是聖筊，可是到了第三次，掉下來的結果竟是一個筊蓋著，而另一個筊卻「立」著（俗稱「立筊」）。

看到這種情形，全部的人都嚇了一大跳，甚至爭先恐後地搶著要拍照。這位老母親更是整個人嚇到臉色蒼白，口中一直念說：「怎麼會這樣？怎麼會這樣？」

立筊表示神明有意顯神蹟讓當事人開眼界

老師立刻跟告訴這位老母親解釋說：「妳擲筊的方式跟別人都不同，我也是第一次看到這種方式。妳會用這種方式一定有妳的原因，不知道妳是心不甘情不願，還是帶著輕蔑的心態來問神？就是因為神明知道妳心裡的想法，才會讓這個筊立起來。」

這位老母親驚嚇不已，立刻問老師立筊代表什麼意思。

老師回答她說：「立筊的意思就是神明要告訴妳，我們宮的神明是正神，可以幫妳解決頭痛的問題，只是妳過去已經問過很多地方，每個地方講的都不一樣，讓妳不知道該聽哪一邊的說法才好。現在妳頭痛不但沒有改善，甚至還有愈來愈嚴重的趨勢，再加上妳孫子去年發生令人遺憾的事，所以使得妳現在六神無主，心中有怨氣，甚至對宗教失去信心。

妳表面上是來請示神明，但心中早就認定這間宮廟跟其他宮廟一樣，所以打從一開始就用一種輕蔑的心態在擲筊。神明當然知道妳有這種心態，所以祂們才會讓一個筊站立著，目的是先顯個神蹟給妳看，讓妳開個眼界。

至於目前的情形要怎麼判斷呢？前兩次已經連續出現兩個聖筊，第三次卻出現立筊，立筊一旦倒下來，答案只會有兩種：不是連續得到三個聖筊，就是只有

王博士小提醒

連續得到兩個聖筊後，第三次卻出現立筊的意義

連續出現兩個聖筊，而第三次卻出現立筊，通常是因為當事人跑過許多宮廟卻無法解決問題，因此對宗教失去了信心。神明讓一個筊站立著，目的是想警惕當事人，立筊一旦倒下來，答案只會有兩種——不是連續得到三個聖筊，就是只有兩個聖筊。至於想得到哪一種答案，端看個人的決心，有信心就能變成三個聖筊，如果依然沒有信心，那就只會得到兩個聖筊。

兩個聖筊。至於會是哪種答案，端看妳的心決定，命運也會隨著妳的決定而改變；若妳有信心，那就會變成三個聖筊，如果依然沒有信心，那就只會有兩個聖筊。」

老師的話對老母親有如當頭棒喝，她馬上跪下來對神明懺悔認錯，並放聲大哭，「自從去年長孫溺斃後，我就已經對宗教產生了厭惡之心，然而，今天在這裡看到的一切，又讓我開始對宗教重拾信心。好，信女在此承諾，願意全心全意相信神明，一心一意請祂指點迷津。」

神明的力量真的是凡人無法想像，也讓全部的人都十分驚訝，當這位老母親才說完這番宣言，第三個立筊馬上倒了下來，真的出現了三個聖筊。

籤詩的排列代表神明的邏輯

既然這位老母親已經改變了對宗教和神明的態度，於是，老師就繼續幫她詢問頭痛的問題。

結果，這次神明賜下了四張籤詩。

第一支：丁卯籤（歷史記載：朱弁落冷山）

前途功名未得意，只恐命內有交加；兩家必定防損失，勸君且退莫咨嗟。

第二支：乙酉籤（歷史記載：大鵬鳥亂宋朝）

靈雞漸漸見分明，凡事且看子丑寅；雲開月出照天下，郎君即便見太平。

第三支：丁巳籤（歷史記載：觀音收大鵬鳥）

十方佛法有靈通，大難禍患不相同；紅日當空常照耀，還有貴人到家堂。

第四支：己亥籤（歷史記載：薛仁貴救駕）

福如東海壽如山，君爾何須嘆苦難；命內自然逢大吉，祈保分明得平安。

老師看完這四支籤詩後，就開始向這位老母親解釋。

第一支籤詩

「這一支籤是妳第一次來問事時就抽過的了。只是，這次神明還是要再一次提醒妳，妳頭痛的主因仍然是家中欠點所造成的。如果妳還是不相信，等一會兒我會再一次驗證。」

第二支籤詩

「神明要告訴妳，家中這個欠點有愈來愈嚴重的趨勢，至於會從什麼時候開始變嚴重？時間點就在今年的十一月開始，也就是現在。」

第三支籤詩

「剛好對應第二支籤詩，先是『大鵬鳥亂宋朝』，後來會演變成『觀音收大鵬鳥』，這隻大鵬鳥就是妳家中的欠點，也是讓妳家中發生不幸的主因。

所以，神明是要告訴妳，祂們已經正式開始處理這隻大鵬鳥（欠點），並且要告訴妳，如果妳對我們有信心的話，這個欠點就可以有圓滿的解決，因為觀音最後收伏了這隻大鵬鳥。」

第四支籤詩

「神明對妳說，要調整心態，將來這件事情如果處理好了，不要一直想過去那些不愉快和傷心的過往，更不要有自己命很苦的負面想法。依神明看來，妳命中既有福也有壽，只是被家中的欠點所阻礙，處理好之後，過去就讓它過去了，以後要學會分辨是非，才是保平安之道。」

雖然已經把四支籤詩都解釋完了，但老師仍舊把所有籤詩的內容再整合一次，讓當事人比較清楚。

於是，老師對這位老母親說：「第一支籤詩我想妳應該還有印象，可是為什麼在一年後，神明仍然要給妳同樣的籤詩呢？妳應該要仔細思考一下，神明的原因以及苦衷。依照神明的調查，妳家中的欠點已經蠢蠢欲動了，不過妳也別太過擔憂，因為神明要告訴妳，這隻大鵬鳥雖然能夠擾亂大宋朝，但是最後終會被觀音所降伏。

也就是說，神明對處理方式已經胸有成竹了，最後會有個圓滿的解決。」

神明處理事情，更關心我們的心情

「只是，神明現在擔心的不是這隻大鵬鳥，而是妳的心情。

神明擔心這件事情解決之後，妳一定會念念不忘過去的不愉快，如果不事先勸導妳，妳很可能會一直活在悲傷而不自知，所以，神明才會以最後一支籤

王博士小提醒

抽籤詩的正確步驟

⑴點香跟神明稟告你的姓名、出生年月日、住址，以及心中所要問的事情，記得要清楚描述問題，並設定幾個選項。

⑵等待三分之二炷香或一炷香的時間，讓神明徹底查一下問題的原委。

⑶一定要先問過神明是否賜籤才抽，否則得出的答案容易不準：問「這個問題是否要賜籤回答」，若神明以三個聖筊回覆，才能抽籤詩。

⑷抽完第一支籤後，要向神明確認是否是這支籤（一個聖筊或兩個聖筊都不算，一定要連續三個聖筊才可以）。

是→表示第一支籤出現，但是必須再追問是否有第二支籤、第三支籤、第四支籤……以此類推。

問是否有第二、三、四……支籤詩時，只要一個聖筊就可以成立。若有，則繼續抽（此時須把剛剛那些沒有擲出三個聖筊的籤詩，重新放回籤筒重抽）；若無，就停止抽籤，但每支籤都要確認是否是該支籤（連續三個聖筊才算數）。

否→請將第一支籤放到一旁（勿投入籤筒以免重複抽到），抽第二支籤，再問是不是這支籤，直到擲到三個聖筊。

確認是否是該支籤時，一定都要連續擲出三個聖筊才算。

⑸抽完的籤詩一定要照順序排列，以免解讀錯誤——神明賜的籤詩是有順序性、階段性、時間性的。

⑹解籤詩：每張籤詩一定都會有詩句和該籤詩的歷史記載（例如：大鵬鳥亂宋朝），若有疑惑和不解之處，最好諮詢專業人士，因為其中的典故和意涵往往非常奧妙，隨意解讀恐怕會得不到正確答案。

詩勸妳要調整心態。從這幾支籤詩的排列，妳就可以了解，神明不只幫我們調查案情以及處理背後的欠點，祂們還會顧慮到當事人的心情。所以，神明思考問題的角度真的是非常面面俱到。」

老母親聽著老師的解釋——尤其是看到第一支籤詩的時候，不知不覺地又流下了傷心的眼淚。

老師知道她又再一次觸景傷情了，便安慰她說：「過去的事就讓它過去，現在最重要的是，要問出這個欠點到底是什麼？」

「欠點不是已經知道了嗎？有必要再問一次嗎？」

老師告訴她說：「妳心中對這個欠點應該還有存疑，所以我才想要再驗證一次，好徹底解開妳心中的疑問。」

經過三分鐘的擲筊後，果然神明以連續三個聖筊指示出欠點——家中神像有不好的東西依附在裡面。

老母親看到神明指示的答案，眼淚瞬間流了出來，口中一直念著：「一年前指示的答案，竟然跟一年後一模一樣，看來我那可憐的孫子真的是我害的，我錯了，我真的錯了。」

說到這裡，這位老母親已經泣不成聲了。

看到她如此悲傷，老師一直安慰她說：「事情已經過去了，神明知道妳一定會有自責的心，所以才交代妳不要再想過去的事了。現在最重要的是如何把欠點順利解決，這才是當務之急。」

聽到老師的勸導，老母親才拖著年邁虛弱的身子，勉強從椅子上站起來，她拉著老師的手，一直對老師說：「老師，萬事就拜託你了！」

於是這件事情便照著神明所交代的方法去處理，前前後後總共歷經兩個多月的時間，總算有個圓滿的解決。

在處理完的一年之後，這位老母親的兒子跟媳婦順利地開了店，專門做壽司便當的生意，老母親的女兒更是找到了一段好姻緣，更令人振奮的是，老母親的媳婦又順利的懷孕，生下了一個可愛的小孫子。

在孫子滿月的那一天，老母親一家人相約一起到宮裡來上香，以感謝神明的奔波以及幫忙。

看到老母親一家人開心的笑容，大家也跟著開心起來。這位老母親走過來，拉著老師的手對他說：「我們全家都很感謝宮裡的神明，還有老師的大力協助，現在我們家裡的運勢已經跟從前大大不同了，如果……如果時間還可以重來，我……我現在已經有兩個孫子了。」

這個時候，充滿在這位老母親眼眶裡的淚光，已不再只有悲傷，而是滿足、開心、幸福，又帶著一絲絲遺憾和感嘆……

問神不敗圖解案例

狀況：兒子失業半年，每次面試都沒有結果，老母親前來問事業運
→努力過許久都沒成果，可來尋求神明指引

↓ **釐清問題**

從幾個工作機會選一個會比較合理，但因一直找不到工作，所以問「一直找不到工作的原因」→神明沒有做出任何指示，但賜下兩支和家運有關的籤詩，表示因家運問題導致家人狀況不斷，而且這些狀況是欠點造成的

問事心法 1
問事要分輕重，家運影響的是整個家，如果神明指示有家運的問題，表示家運已經影響到前來求問的事情，應優先處理家運問題

↓

問出欠點何在，但經過半小時後神明仍舊沒有指示→於是詢問神明是否擔心出欠點後卻不處理，會導致問題更嚴重→得到三個聖筊

↓

老母親承諾會用心處理，於是問出欠點出在家中神明的聖靈已不在，老母親堅持不信，也不願去別的廟擲筊確認，事情於是不了了之

問事心法 2
若無法接受擲筊出來的結果，可以去別間廟裡擲筊確認，而不是固執心中的想法

↓

半年後，老母親的媳婦來宮裡詢問孩子往生的事情，因未到對年無法處理。往生滿一年後再度前來，此次神明仍舊指示為家運問題，老母親終於願意處理

導致失敗的問事地雷

問題點的重要性

案例中的老母親在神明道出有家運問題時卻執著於自己的想法，如果心中早有既定的，又何必來問神？如果對神明的答案存疑，可以找別間大廟擲筊確認，再做判斷。

貳

與神明對話一定要懂的Q&A

跟神明問事時遇到的狀況百百種，後面將分享一些我常被問到的問題，希望可以幫大家釐清觀念，解答困惑！

Q1

為何一定要得到三個聖筊？一直無法得到三個聖筊時該怎麼辦？

三個聖筊代表的是天、地、人三才，也就是說，這個答案包含著天理、地理和人理三種道理。又連續出現三個聖筊的機率很低，正因為其困難度，才能突顯答案的準確度。問事一定要嚴謹，不能只是想趕緊得到一個聖筊，然後就草草了事。就某種意義來說，一直得不到三個聖筊，代表你問的答案跟神明要給的答案不同。所以，要有點耐心，仔細想一想，是不是有其他的問法或方向，是我們之前沒有想到的，只要有耐心，我相信一定能理出一個正確的方向和答案的。

Q2

當每個宮廟給的答案都不同時，應該相信哪一個說法呢？

這種情形大部分會發生在起乩的方式，因為是藉由「人口」所講出來的答案，所以當中摻雜了人為的變因。發生答案不一的情形時，可以到大一點的廟裡，以擲筊的方式再驗證一次。

Q3

該怎麼分辨病痛是單純的身體問題或另有原因？

如果一直看醫生以及吃藥都沒有成效的時候，就要開始思考，可能是另有原因造成身體出現了反覆發作、難以根除的病痛。

Q4

問事一定要本人親自前往嗎？代替親友問事，是否會比較不準？

不是會比較不準，而是在傳話的過程中，可能會有扭曲原意的情形產生。而且神明會看你跟當事人是什麼關係，如果跟當事人是親友關係，也得看關係有多親，如果你不能代為作主的話，神明也不會指示。

Q5

有沒有哪一位神明問事特別準？

沒有，只要會問問題，任何大廟的正神都很準。

Q6

事情解決之後該如何感謝神明的幫忙？

這方面並無硬性規定，端看個人的心意，只要是真誠的表明感激之意，就算只是上香跟神明道聲感謝也可以。

Q7

如何判斷家裡面的神位有沒有問題？

家中神明應該是保佑家中一切平安才對，如果家中有在拜神，但家裡面卻波折不斷、一直很不平安，就應該開始懷疑，家中神位是不是出了什麼問題？在合理的條件之下，卻發生不合理的事情，那就要有點警覺性了。

Q8

聽人說天機不可洩漏，真的有連神明都無法透露的事嗎？

有些一定會發生的天災，神明確實無法直接透露。然而，神明雖然無法直接告訴你答案，但會以間接的方式暗示你。

Q9

聽說女生在月事期間不能去廟裡拜拜，問事也有這樣的禁忌嗎？

問事沒有這種禁忌，因為一般廟裡所供奉的虎爺，就是專門在處理這類女性相關的禁忌問題。

Q10

現在很流行網路問事，真的有效嗎？

處理問事有沒有效，決定於問題有沒有經過神明的調查，沒有經過神明調查出來的答案，其可信度跟有效度都會受到質疑。

Q11

該不該相信注定命中無子、無婚姻、無健康這種說法？

是有遇過這種人，但只有非常非常少數的人，才會命中無子或無婚姻，問事至今也才遇到三個，無健康倒是不會。

Q12

真的有所謂的求壽或以壽換壽嗎？若神明指示親人陽壽已盡，是不是就無可挽回？

確實是有求壽命這件事，也有成功的案例，但這需要兄弟姊妹共同決定，是否要一起為父親或母親祈求增壽。如果一致同意才可進行，這種事情一定要很嚴肅地看待。

結語

這樣做，開問事的竅門！

《神啊！你到底在幫我什麼？》這本書是循著神明的思路所撰寫的，希望能透過本書讓全國讀者了解，為什麼問事的時候，總是無法把神明的意思徹底問出來。換句話說，只要問事的竅門開了，提升問事的準確度便指日可待，問事的竅門該怎麼開呢？首先要了解神明在幫我們的四種基本方法：擲筊、起乩、托夢、籤詩，而每一種方式都有它的時間性跟意義。

卍

擲筊是最沒有人為操控因素介入的問神方式，也就是說，以擲筊問出來的答案完全是「神的意思」，而不是「人的意思」。擲筊要問得準確，竅門有二：

第一、心中先設定該問的問題選項。

請參考《神啊！我要怎麼問你問題？》一書，本書就不針對這點再多作敘述。

第二、由筊翻動的情形來解讀神明想要表達什麼。

這一點非常重要，也是必須要學會的，但同時也是最困難的一點。請注意，神明本身不會講話，祂們要回答我們的問題，就是透過筊的翻動（三個聖筊）。如何藉由筊翻動的情形解讀神明想要表達的是什麼呢？舉個例子好了：

曾經有一個單身的女孩子，想前來請示神明自己的姻緣時機，經神明指示，她的姻緣時機是在今年的下半年（農曆七月至十二月），並且神明還要再精準的指示，她的姻緣時機是在下半年的哪一個月分，這個時候就要從七月一直問到十二月，看看哪一個月分可以連續得到三個聖筊。可是問題來了，擲筊的結果是，八月連續得到了兩個聖筊，十月也連續得到了兩個聖筊，其餘的月分則連一個聖筊都沒有。

為什麼會這個樣子呢？這種情形代表了什麼意思？神明究竟想跟我們說什麼呢？其實重點就在八月跟十月這兩個月分，只要朝著這兩個月分下去問，答案就會揭曉了。果然，神明指示：這位女孩子的姻緣時機是在「八月到十月這段期間」。

從最後這個答案，我們可以體會到神明真的很為難。為什麼呢？請你想一想，假設神明指示這位女孩子的姻緣時機是在八月（連續三個聖筊），那麼她一定會忽略掉九月跟十月這兩個月分的姻緣時機。相對的，如果神明指示這位女孩子的姻緣時機是在十月，同樣地，她也一定會忽略八月跟九月這兩個月分。所以，神明只好在八月跟十月這兩個月分中，各給我們兩個聖筊，其用意是在暗示我們：

「我要給的答案玄機在此、我要給的答案玄機在此！」

由這個案例我們可以學到，如何藉由觀察筊翻動的情形，解讀神明到底要跟我們說什麼，只要能夠細心洞察筊的變化，神意的掌握就會愈來愈精準。

卍

每間宮廟對於問事的方式都有自己的規則，有些宮廟是以起乩為問事的方式，有些則是以擲筊為主要的問事方式。其實不論選擇何種方式，只要能夠把神明的意思不加油添醋的表達出來，任何方式都是好的方式。

起乩主要是由神明的聖靈依附在乩身的身上，直接以對答的方式指示當事人。不過，我們要有未雨綢繆的觀念，也就是說，如果臨時遇到緊急事件，無法馬上安排乩身前來，那該怎麼辦呢？所以，我們不能太過依賴單一的問事方式，多學習一種技巧，可以增加問事的多元性。

卍

托夢也是神明常用來幫我們解決問題的方式之一。神明的世界不同於人的世界，無法用非常流利的語言與我們面對面對話，所以，托夢算是神明跟我們溝通的一種方式。會把夢境解錯的主要原因，大部分是在於不了解「夢的結構」。

夢的結構分為兩種：一種是真實性夢境，另一種是隱喻性夢境。真實性夢境主要是以夢境的景象作「直接闡述」，也就是說，神明是以夢中的情形直接告訴我們祂們想要表達什麼；隱喻性夢境就比真實性夢境複雜許多了，隱喻性夢境主要是以夢中景象作「間接闡述」，神明是以夢裡面的情形間接告訴我們祂們想要表達什麼。如果要把夢解的正確，首先就要有「夢的結構」這種概念，一旦缺少這種重要的概念，便極有可能倒果為因，有了這個概念後，接下來就只剩下分解夢境的片段了。為了能夠真正理解神明要向我們傳達什麼，這些重點一定要掌握住，才不會發生神跟人雞同鴨講的情形。

卍

籤詩是當神明有很多話要說，而用擲筊又無法問得很透澈時，用來補充說明的問神方式。可是，我發現很多人抽籤詩會抽上癮，注意，並不是每一個問題都需要抽籤詩，如果每個問題都想以籤詩來解答的話，便是犯了觀念上嚴重的錯誤。觀念一旦錯誤，籤詩就會喪失它的核心功能，相反的，如果觀念正確，籤詩便能把它的功能發揮到淋漓盡致，甚至還可以把整件事情的前因後果、來龍去脈牢牢的掌握在手中。

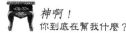

要達到這種境界，有一句口訣一定要記住，那就是：「無法直接得到答案時，再來抽籤詩。」

問神盡量要簡單化，如果搞得太複雜，到最後可能連自己都搞不清楚自己在問些什麼。問神的正確程序，應該是先以擲筊的方式直接問神明好或不好、可以或不可以。如果神明沒有直接回答，我們就要馬上意識到，這個問題很有可能是在好或不好的答案之外，不然神明怎麼都沒有回答我們呢？既然是「好或不好」之外的答案，那就要靠籤詩了。這樣的問事程序才是正確的，千萬不要一味的抽籤詩，以為「一籤在手可以走遍天下」。

問事不能一成不變，照本宣科，所有的技巧不可能放諸四海皆準，一定要學會變化，這個變化當然包含解籤詩；一支籤詩、兩支籤詩、三支籤詩、四支籤詩，甚至到五支籤詩的解法都不一樣，這種解籤觀念，就好比兩個氫加一個氧會變成水的化學變化一樣，單一種化學元素的作用，跟好幾種化學元素加起來的作用是完全不同的。

卍

本書中所敘述的四種基本方式，也是一般最常見到的問神方式。既然是最常見的方式，就更應該要教導社會大眾，讓大家對道教的問事邏輯有更深入的了解。所以，希望藉由《神啊！你到底在幫我什麼？》這本書的問世，能讓全國對道教有興趣的讀者，深入了解神明的思維以及思考的角度，更希望讀者在讀完本書之後，能對道教開啟一個嶄新且正面的觀感。

神明想的跟你不一樣！

9
Mystery

9
Mystery